定年後も働きたい。

人生100年時代の仕事の考え方と見つけ方

松本すみ子
シニアライフアドバイザー

Discover

定年後も働きたい。

はじめに

リタイア世代の生き方、中でも〝仕事〟を取り巻く環境は変化の真っただ中にあります。「仕事？　リタイアした人たちが何を今さら」と思うかもしれませんが、60代～70代は社会を支える側に属する人材として期待されるようになりました。これほどまでにシニア世代の労働力が社会から求められる時代は、今までなかったといえます。シニア世代が働くことは、もはや社会貢献ですらあります。

最大の理由は少子化による労働人口の減少です。このままでは国を維持していくのが難しくなるという予想のもと、老若男女にかかわらず、外国人であろうと、障がい者であろうと、どんな人でも社会のために持てる能力を発揮して活躍してほしいというのが社会的な要請です。

外国人雇用のほうに関心が向きがちですが、日本語習得の問題がなく、豊富な経験と知恵を備えたシニア世代は即戦力として申し分ありません。人口が多いこともメリットです。彼らがもう一度社会を支える人材として活躍すれば、かなりの分野で労働力不足は解消できるはずです。

多くのシニア世代は生涯現役を目指し、やる気満々で、もう一度、仕事に就くことを考えています。今まで培った経験や能力は定年後すぐに消えてしまうものではないし、どこかで役に立つはず。しかも、働けば老後の生活費を補え、規則正しい生活で健康を保つこともできます。

しかし、実際はそう単純ではありません。**仕事探しを始めると、自分が望むような求人や仕事はほとんどないという現実を知るのです。**

確かにシニア世代への求人はそれなりにあります。日本を訪れた外国人は、工事現場や駐車場で、あるいは店員として働くシニアの姿を見て「日本では高齢者がたくさん働いている」と驚くそうです。こうした業界は慢性的な人手不足状態にあり、希望すればすぐに働くことができます。

しかし、人にはそれぞれ自分の人生への理想やこだわり、プライドがあります。定年後の仕事だからといって、何でもいいわけではありません。自分自身の経験やスキルとはあまりにもかけ離れているので、簡単に受け入れられないこともあるのです。問題はこの求人側と求職者とのミスマッチです。

働く意欲も能力もありながら、活躍のチャンスを得られないシニア世代が日本にはたくさんいます。社会にとって、企業にとって、個人にとっても、なんともったいないことでしょう。


ミスマッチを解消するためには、雇用する側と雇用される側双方に、従来の体制や慣習、思い込みにとらわれない、受け入れ態勢などの構造改革と未来志向の意識変革が必要です。

雇う側は、経験豊富なシニアの何を活用できるのか、活用したいのか、また、ひと塊りで見るのではなく、個々の人材がどんな能力を持ち、どこで役立つのかを見極める必要があります。人手不足といいながら、また再雇用制度を作っておきながら、その力を活かすための新しい方法や機会、事業分野を創れないでいることが問題です。

働く側も、そもそも働くことはよい条件の雇い先を探すことだけなのか、自分の経験やスキルは決まった分野でしか生かせないのかということを考えてみるべきです。**人生100年の時代には舞台がいくつもあります。受け身の姿勢から脱出し、自ら新たなステージで生きる自覚と準備が求められます。**

本書ではこうした視点から、シニア世代にとっての「働くこと」を広い意味で解釈し、現実がどのような状況にあり、それにどう対処をすることで、どんな可能性をつかめるのかを探っていきたいと思います。

本書は定年後の働き方、生き方に戸惑い、模索するシニア世代とその予備軍のためのものです。

第1章では時代の変化とリタイア世代の働く環境、どんな役割が期待されていて、どう向き合えばいいのかを取り上げます。

第2章ではそもそも定年後に働くことの意味は何か、自分の置かれた状況を理解して行動に結びつけるために、どんな道筋や考え方があるのか見ていきます。

第3章では、社会の具体的な動きを観察し、行動するために必要な最新の情報と仕事の見つけ方を探ってみます。

第4章では女性の働き方に触れました。別の章にしたのは、女性の働き方や環境は男性と同じには語れない部分があるからです。女性の生き方は大きく変化しています。一般に男性よりも長寿である女性にとって、第二の人生の生きがいや仕事は充実した人生を全うするための大事な要素となります。

第5章では自分の道を見つけた人たちの経験と活動を紹介します。どのように悩み、現状を理解し受け入れ、どう行動して今に至るかに重きを置きました。

著者は、これまで行政や自治体のセカンドライフ講座、地域デビュー講座の講師として、また取材やインタビューなどを通じて多くの定年前後の人たちと接してきました。そこで感じたのは、仕事または会社一筋で、それ以外のことはあまり考えてこなかった人が多いということです。

経験上、これは確実に言えるのですが、**リタイア後の生き方・働き方は組織という枠にがんじがらめだった時代よりもずっと自由で多彩です**。格段にシニア世代への期待が高まっている今、自分を生かす可能性やチャンスが生まれるのは自分次第であることを知ってほしいと思います。

いずれ誰にでも第2の人生、第3の人生を模索する時がきます。今は他人事の若い世代であっても、誰もがそう遠くない将来に第2・第3の選択をしなければならない時がきます。セカンドライフの生き方・働き方は、すべての人に共通の課題なのです。

定年後の生き方や働き方に惑い、模索するシニア世代とその予備軍の方々にとって、本書が自分らしい生き方を見つけるためのバイブルになることを願っています。

さらに、シニア社員の処遇に戸惑い、その戦力化に悩む企業、シニア世代を活用したいと考えている組織の皆さんの参考になり、そのことによって、シニア世代の活躍の場が広がれば大変喜ばしいことと思います。

目次

第2章 なぜ「やりたい仕事」が見つからないのか

第3章

定年後の仕事の考え方と見つけ方

11. シニア起業支援を利用する

12. 地域社会を支えるコミュニティビジネス

第4章

シニア女性の働き方

第5章 こうして彼らは自分の仕事を見つけた

第1章

定年後の仕事探しは「悩む」ことから始まる

長寿とは働く時間が延びること

「人生１００年時代」という言葉がすっかり定着しました。テレビや新聞・雑誌、政府の見解からコマーシャルまで、目にしない、耳にしない日はありません。流行語大賞の候補に選ばれないのが不思議ですが、もはや流行語のような一過性の言葉ではなく、一般用語の部類に入ったということでしょう。

少し前までは「人生80年」がスタンダードでした。ところが、人生90年はスルーされ、今や１００年になりました。なぜ、世間はこぞって、「人生１００年」を唱えるようになったのでしょうか。

現実に長寿化が進んでいることはもちろんですが、きっかけのひとつとして、英国ロンドンビジネススクールのリンダ・グラットン教授らが上梓した『ＬＩＦＥ ＳＨＩＦＴ １００年時代の人生戦略』（２０１６年、東洋経済新報社刊）が考えられます。この本では特に、平均寿命の部分が大きな関心を呼びました。

　それは、２００７年にアメリカ、カナダ、イタリア、フランスで生まれた子供の平均寿命は１０４歳、日本の子どもに至っては１０７歳になるという予想です。人生80年、せいぜい90年と考えれば事足りると思っていた人にしてみれば、突然の人生１００年は驚きです。

　この本には学生への質問として、こんなエピソードが登場します。「１００歳まで生きるとして、現役時代に毎年所得の10%を貯蓄し、引退後は最終所得の50%相当の資金で暮らしたいと考えたら、あなたは何歳で引退できるか」。なんと、答えは「80代」でした。この解答に教室は静まり返ったそうです。**長寿とは喜ばしいだけでなく、生きるためのお金が不可欠だということを思い知らされ**たのです。

　この本で最も興味深いのは「長寿化に伴う人生マルチステージ化への対応」と

いう部分です。100年人生では、従来のような①教育を受ける子供時代、②働いて社会を支える時代、③リタイア後の生活という三つの単純な区切りでは収まらなくなります。そして、**長寿とは老いて何もしない③の時間が長くなることではなく、②の社会のために生きる時間が長くなること**だというのです。

活動する期間が長くなれば、定年後に教育を受け直して新たなスキルを身に付け、現役時代とは異なる仕事に就く機会も増えます。また、新卒で就職した後、人生のほとんどを一つの会社に捧げるというようなこともなくなります。これが**「人生のマルチステージ化」**です。

若いから学生、60代だから退職者という決まりきったくくりはなくなり、今のような生産年齢が15歳から65歳までという区分けも意味がなくなります。

この変化はすでに日本の社会でも始まっています。経団連は2019年春、今後は新卒一辺倒の採用は行わず、通年採用を重視すると発表しました。また、再雇用や再就職したリタイア世代の中には、すでに現役時代と異なった仕事を経験している人がたくさんいます。

人生100年説は、特に労働力不足を補うためにシニア世代の社会参加を促したい日本では有効な後押しの説となりました。格好のフレーズがタイミングよく出てきたと言えるのではないでしょうか。

日本人のライフステージが変わる

これからどんどん変化していくであろう人生のステージ。それでは、今まではどんなものだったのかを振り返ってみます。

団塊の世代が60歳になる初めての年で、人口が多いことによる影響力から社会に様々な変化が起こると予想したのが「2007年問題」でした。その頃、小説家の五木寛之《いつきひろゆき》氏が人生を**「学生期《がくしょうき》」「家住期《かじゅうき》」「林住期《りんじゅうき》」「遊行期《ゆぎょうき》」**の4つに分ける説を紹介（『林住期』２００８年、幻冬舎刊）し、話題になりました。

学生期は、生まれてから青少年までで、学校などで知識を身に付け、社会に出るための準備をする時期。家住期は仕事に就き、結婚して子供が生まれ、社会を支える柱となって活躍する時期。いわゆる生産年齢人口に相当します。林住期は定年を迎え、自由になってじっくりと人生を振り返る時期。最後の遊行期は、人生の締めくくりに向かって準備し、穏やかに過ごす時期ということでした。

この分類では、働いて社会や経済を支える役目はほとんど家住期の人たちが背負っていて、ほかの世代はすべて家住期の働きと稼ぎに頼る構図です。しかし、**家住期の人口が多い場合は問題ありませんが、そのバランスが崩れたら、社会全体が成り立たなくなります。それが現在の日本であり、これからの日本です。**

実は、この分類のように、もっぱら家住期の人たちだけで家計を支えていた時期が日本にはありました。それは、人口の多い20代から30代の元気な若者たちがバリバリと働き、日本を世界第二の経済大国に押し上げた1970〜80年代です。戦後に生まれたベビーブーマーの団塊の世代と、そのあとに続く世代は社会を支えるために十分な人口がありました。人口ボーナスの時代です。

もうひとつ特徴的なのは、働き手のほとんどが男性だったということです。女性の多くは専業主婦として家庭に入り、家事や育児に専念して内助の功の役割を果たしました。この時代は、特定の年齢の男性だけで社会を維持していくことができたのです。当時の定年年齢は55歳。60歳定年が義務化されたのは1998年、約20年前と、意外に最近のことです。

ちなみに、団塊の世代の人生変遷と時代の変化、そこから生じる問題を予測した経済小説が堺屋太一《さかいやたいち》氏の『団塊の世代』（1976年刊）です。小説のタイトルがそのまま世代呼称となりました。また、団塊世代の学生時代から始まり、就職して係長、課長、部長と出世し、ついに役員、社長、会長に上り詰める物語を、当事者目線で描いたのが、弘兼憲史《ひろかねけんし》氏によるコミック「島耕作シリーズ」です。

日本の人口構成：2020年

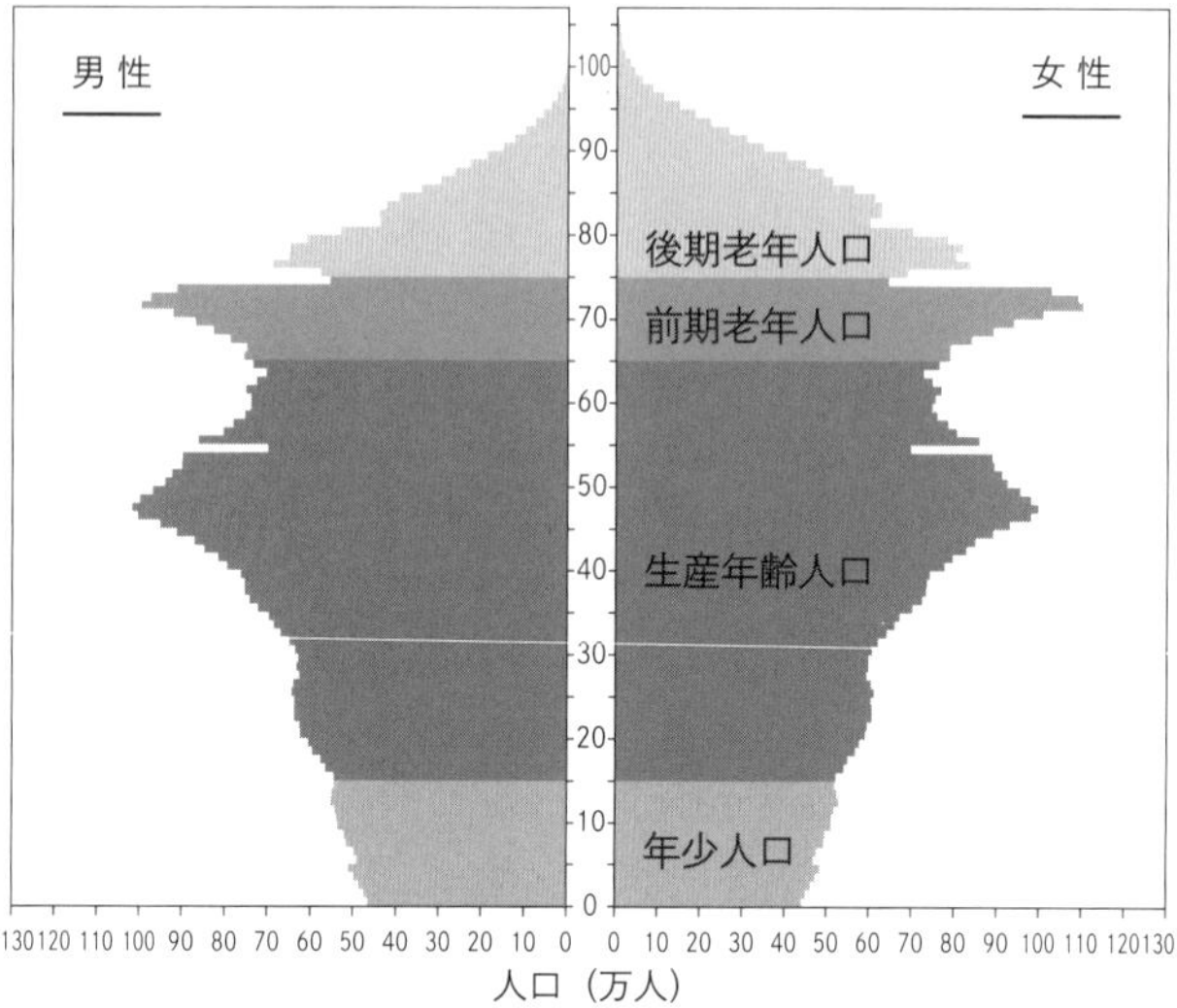

（国立社会保障・人口問題研究所：日本の将来推計人口）

変化する人生100年時代のステージ（著者作成）

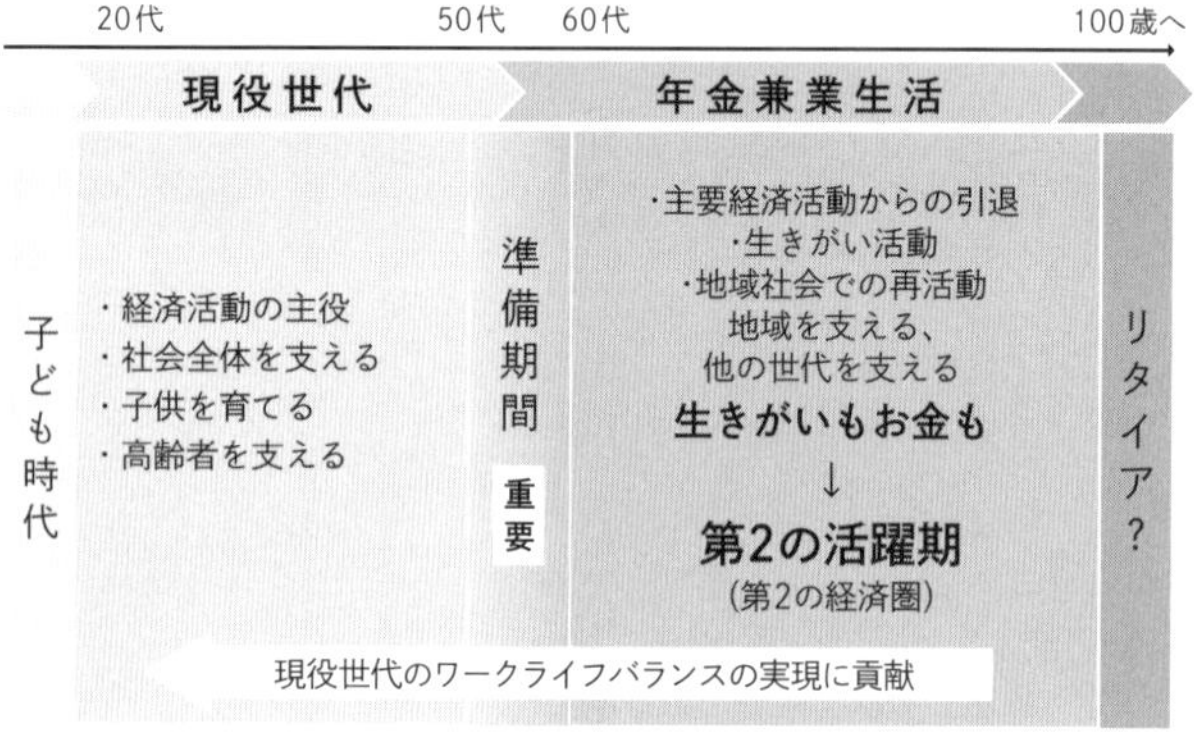

背景から時代の変遷を知ることができます。

さて、特定の年齢と性別の人だけで社会を支える構図は長続きしませんでした。団塊の世代の子供たち、いわゆる団塊ジュニアはそれなりの数が生まれましたが、孫たちはいっこうに増えず、少子化が進行しています。80年代末には日本経済も低成長と停滞の時期に入り、右ページの日本の人口構成図のように、団塊の世代全員が70代になりました。昔なら、支えられる側の年齢です。

ところが、自由になってじっくりと人生を振り返る林住期などと悠長なことは言っていられない状況です。年金だけで暮らしていくのは難しいので、長い人生を支える資金を自ら稼がなければならないという意識が高くなっています。もしかして、「遊行期」はないかもしれません。

この意味でも、長寿とはまさに働いたり、活動する時間が延びることだという説は正しいと思います。

シニアの即戦力に期待

「第4新卒」という呼び方が登場しました。「新卒」はその年に学校を卒業する人、「第2新卒」は新卒で就職したものの3年程度のうちに転職をする人、「第3新卒」は大学院博士後期課程の修了者や在籍者で就職を希望する人のことです。そして、「第4新卒」は中高年求職者のこと。中高年を採用する企業が創り出した新語です。

その新語は森下仁丹が2017年に行った求人募集に登場しました。募集広告には「性別・年齢を問わず挑戦し続ける人材を募集する第四新卒採用を始めます。」とあり、対象は40代以上、60歳以上の定年退職者も含まれていました。キャッチフレーズは「オッサンも変わる。ニッポンも変わる。」。報道によれば2200人の応募があり、最高齢応募者は72歳。詳細は不明ながら、60代の人も採用されたようです。

なぜ森下仁丹は「第4新卒」を募集したのでしょうか。同社は日本の代表的な老舗企業です。老舗ほど伝統やしきたりという古い価値観に縛られがちです。競争力を付けて、さらなる成長を期するためには会社の体質や社員の意識を変える必要があったのでしょう。若い人材を大量採用するという方法もありますが、最近は少子化もあって採用難のため、優秀な若者は集まりにくい状況です。たとえ採用できても、実務体験に欠けていて即戦力にはなりにくく、教育には時間と費用がかかります。

そこで、外部からやる気と経験のある優秀なベテランを採用して、効率的に改革したいと考えたのです。担当者はインタビューで「**イノベーションを起こせるのは若い人だけではなく、豊富な人生経験、ビジネス経験を積んだシニアのほうが大きな可能性を秘めている**」と語っていました。

ほぼ同時期、ネスレ日本が60歳以上を対象に契約社員の募集を行いました。応募資格は他社で定年を迎えた人。自社の社員であればおおよその能力と思考・発想法は予想がつきます。それでは物足りないと考えて、他社で育った人材に新しい可能性を求めたということです。

2019年には、人材派遣業のパソナグループが「人生に定年無し！」を掲げ、65歳からの新入社員「エルダーシャイン」80名の採用を行いました。募集したのは3分野。一つ目は地域活性コンサルタントやサービスクルーとして、地方のイベント企画や施設運営営業務に従事するUターンやIターン希望者。二つ目は営業、財務、人事、広報、経営企画など、これまでに培ったキャリアを生かしたい専門家。三つ目は専門コンサルタントから支援を受けながら起業を目指す独立起業志向者です。

フルタイム、短時間勤務、週に数日勤務など、それぞれの希望や条件に応じた雇用契約を選べるとのことですが、原則1年毎の更新（雇用延長の制限はなし）の条件は再雇用と同じです。それでも、定年後の人にチャレンジの機会を提供するという意味では、画期的な取り組みです。やる気と能力と体力のあるシニア世代が具体的にどう動き、どんな成果を挙げるのか、パソナがどのような支援を続けるのか、注目していきたいと思います。

このように、少しずつながら、補助的・単純労働の担い手としてだけでなく、質の高い即戦力としてのシニア世代に視線を注ぐ動きが出てきました。経験豊富でスキルのあるシニア世代であれば、十分な戦力になり得るという理解が進むのは喜ばしいことです。

しかし、政府が70歳までの再雇用を進めようとしていることへの経済界全体の反応はそれほど芳しくありません。それどころか、トヨタ自動車の社長は「終身雇用は難しい局面に入ってきたのではないか」と発言しています。経団連の会長も「終身雇用はもう守れない」と話していました。今後の再雇用制度にも変化が現れるのは必須です。

このような状況を考えると、定年後も働きたいのであれば、再雇用だけを当てにせず、自分から動くことが重要になります。社員数が多く毎年若い社員が入社してくる規模の大きな企業よりも、慢性的な人手不足状態にある小規模企業のほうが中高年者の活躍の場が多くあります。**過去に必要以上に執着せず、自分の経験と知恵を生かせる職場や環境はどこにあるか、期待される即戦力として自分自身を生かせる機会はどこにあるかを検討してみることが大切です。**

そのような定年後、あるいは再雇用後に働きたい人たちを「第五新卒」と呼んでもいいかもしれません。

お手本がないから、みな悩んでいる

高齢化は過疎地や限界集落だけの問題ではなく、これから深刻になるのは大都市のほうだといわれています。2019年9月の敬老の日に合わせて総務省が発表した人口推計によれば、65歳以上は総人口の28・4%、70歳以上は21・5%となっています。これにイタリア（23%）、ポルトガル（22・4%）、フィンランド、ギリシャ、ドイツ、ブルガリアなどが続きます。65歳以上が総人口の7%を超えると「高齢化社会」、14%超えで「高齢社会」、21%を超えると「超高齢社会」という基準があり、現時点では日本がダントツの超高齢国家です。

ただし、日本の高齢化のスピードはほかの国とはかなり違います。高齢化率が7%を超えてから、その倍の14%に達するまでにかかった年数を「倍化年数」といいますが、フランスが115年、スウェーデン85年、イギリス46年、ドイツでも40年かかりました。それに比べて、日本が7%を超えたのは1970年、14%超えは1994年と、わずか24年で高齢社会になりました。さらに、世界一の超高齢社会にはたった37年で到達しています。

高齢化と同じくらいに問題なのが少子化です。団塊世代が高齢化すれば、高齢

世界の高齢化率の推移

欧米

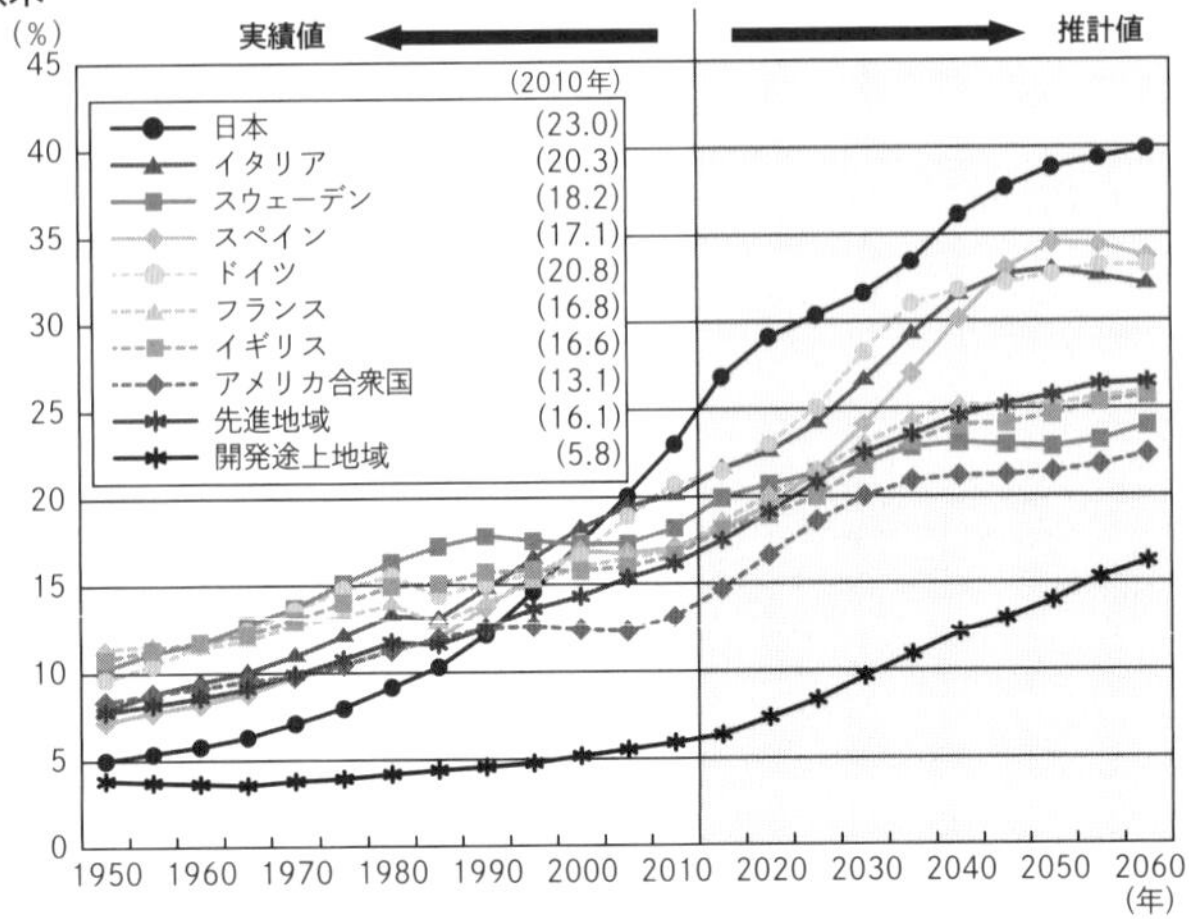

アジア

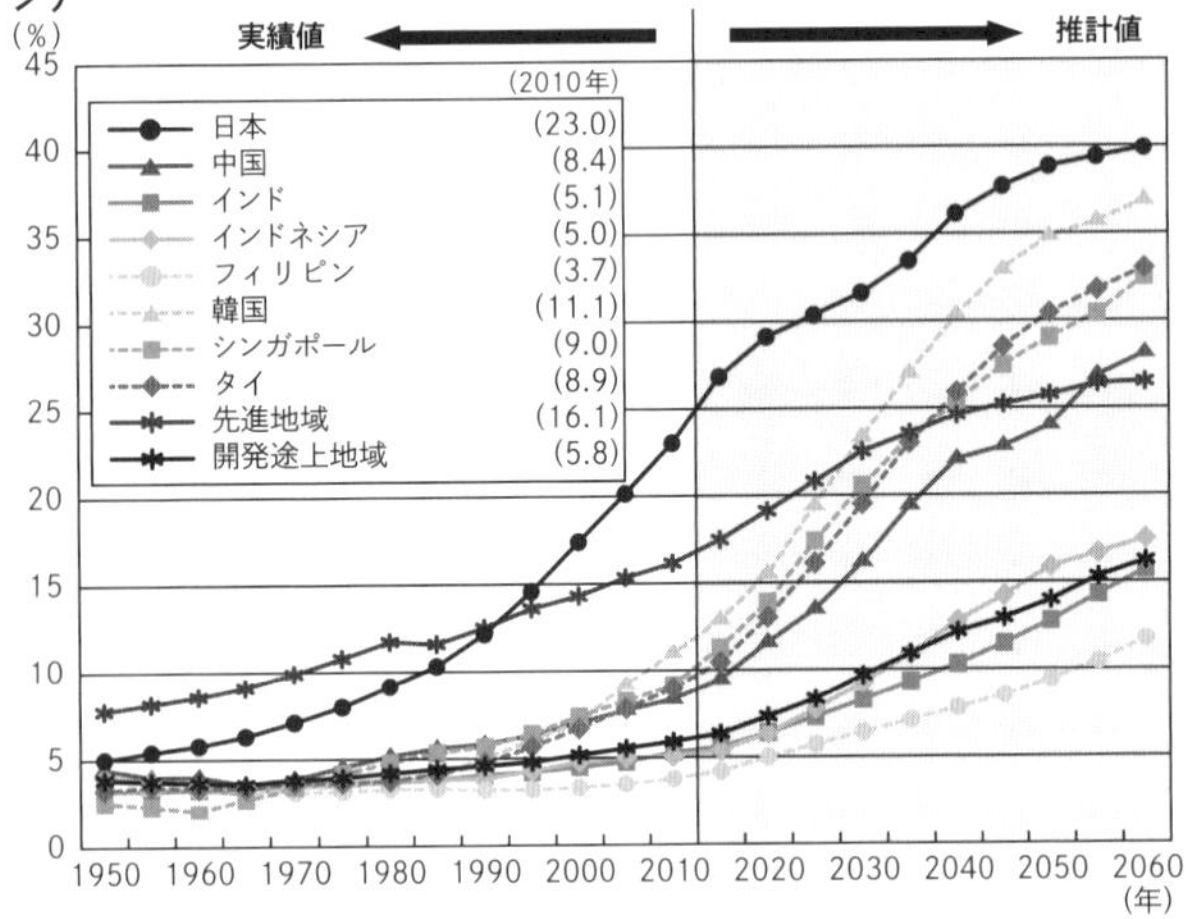

(平成28年版高齢社会白書)

者人口が増えることは予測できました。しかし、少子化は進むとしても、これほどまでとは予測できなかったようです。私が子供の頃、日本の人口が増えすぎて困るから、子供は少なくていいという説を唱える人がいたことを覚えています。麻《あ》生《そう》太《た》郎《ろう》氏が「高齢化ではなく、子供を産まないことが問題だ」と発言をして批判を浴びましたが、どっちが悪いかという論点はずれているにしても、少子化が問題なのは間違いないところです。

しかし、すぐにはどうにもならない問題を嘆いていても始まりません。今できる有効な手を打つことが大事です。その手というのがシニア世代の活用です。

それなのに、掛け声ほどには進んでいません。それは**この事態が当事者であるシニア自身、企業、国・自治体など、誰にとっても初めてのことだから**です。

定年後といえば、祖父や祖母、父や母の時代は社会的役割を終えた後、穏やかな余生を過ごすのが普通でした。私は祖父が仕事をしている姿を見たことがありません。父は55歳で定年を迎えた後、子どもがまだ小さかったこともあって、関連会社で60歳頃まで働き、その後は完全リタイア生活に入りました。

私たちにはまだそのような記憶が残っており、高齢で働き続ける自分の姿をイメージできずにいます。ロールモデルが少なく、手段も分からず、戸惑っている状態です。

企業は、今までも顧問や嘱託などとして少数の人材を雇用延長することはありました。しかし、「高年齢者雇用安定法」に規定されたような「希望すれば誰でも継続して働ける」状態では、対応も体制もまるで違ってきます。受け入れ態勢ができないままに再雇用制度が始まりました。定年退職者の扱いには不慣れなこともあり、産業界も困惑しています。

県や市町村などの自治体には、地元に生活の軸を移した定年後の世代が増えると税収は減り、医療費などの社会保障費は増加するという現実があります。そのため自治体は、シニア世代が健康を維持しつつ、地域の活性化に力を貸す側に回ってほしいと考えています。しかし、まだ手探り状態です。

国はといえば、「高年齢者雇用安定法」などの法律や条例は制定しても、うまく運営できるかどうかは、産業界頼みです。再雇用で団塊世代などが年金支給開始までの空白期間を埋める効果はあったものの、それ以外の対策はこれからで、逆に産業界は及び腰です。

どこにも手本がない以上、それぞれが創り上げていくしかありません。「ダイバーシティ」という言葉があります。年齢や性別、国籍、障がいのあるなしに関係なく、誰もがその人なりの能力を発揮できる社会のあり方のことです。時間はかかりそうですが、これを理想として進めていくことに尽きます。

AIやネット環境の進む今後の社会では、スキルと経験のあるシニア世代が持てる能力を発揮できる機会が生まれるでしょう。ものごとはある一定のラインを超えると加速度的に変化します。今までは特別だったことも普通のことになります。それを期待しましょう。

悩む時間を持て

「老年の悲劇は彼が老いたことにあるのではなく、まだ若いと思うところにある」。オスカー・ワイルドの言葉です。現代のシニア世代はまさにこの状態にあります。定年を迎えてほっとしたものの、まだ元気なので何かしていたい。しかし、何をしていいかわからない、することがない、仕組みも機会も整っていない。長年働いてきたため、日中、家にいて何もしないことには居心地の悪さを覚えます。定年後にもかかわらず、土日がくるとほっとするという人がいました。何よりも問題なのは、毎日がつまらないこと。何とかしなければと思うようになります。

加えて、キャリアコンサルタントなどは「働きたいなら、あまり時間をおかずに、次の仕事を見つけなさい。そうでないと、仕事の感覚が鈍り、気持ちが萎えて使いものにならなくなります。雇う側もブランクの長い人は敬遠します」というアドバイスをしがちです。焦る気持ちが募り、深く考えずに飛びついてしまうことがあります。

実際に、そんな失敗をした人がいます。コンピュータ関係の営業一筋だった男性は定年を機に、先輩からの紹介で小規模製造業での顧問を打診されました。先輩の口利きだし、顧問という肩書も待遇も悪くない。その業界のことには詳しくないが、なんとかなるさと気軽に考え、早く仕事に就きたい一心で、一も二もなく引き受けました。

しかし、入社後しばらくして、経営者との意思疎通がうまくいかないことに気づきました。どうやら、自分が予想していた役割と経営者の期待する内容には違いがあるらしい。結局、うまくいかないまま、居心地の悪さに閉口して1年もしないうちに辞めてしまいました。

経営者が即戦力として大企業出身者にかけた期待は大きかったのでしょう。小規模企業の経営者は苦労しているだけに個性も強く、サラリーマン気分のままでは務まらなかったのです。

それよりも問題なのは、この人が定年後の自分の人生や仕事に関して考える時間を持たなかったことです。会社ではどの部門に属して、何に取り組むかはほぼ上からの意向で決まります。そこに上司や同僚や部下がいて、自然に役割が決まり仕事が始まります。自分なりに工夫や努力を重ね、失敗すらも糧にしながら成長し、成果や達成感を得ることができます。

しかし、これはすでに用意された土俵の上での取り組みです。これからは更地に放り出されるのと同じです。自分がやれること、自分に向いていることを考え、働き場所と仕事を決めたときに、やっと土俵の準備が整ったといえるのです。それを全部一人でやらなければなりません。

必要なのは、自分の何が他者にアピールできるかを知ることです。訴えたいスキルや経験は何か、それを生かせる仕事にはどんなものがあるか、それは自分がやりたいことなのか、もしも希望の仕事がないとしたら、ほかにどんな道が考えられるのか。

ただし、自分なりの結論をまとめ、行動に移すには時間が必要です。私は定年後の生き方が定まっていないなら、**意識的に悩み、考える時間を作る**ようにアドバイスしています。長いセカンドライフでは、立ち止まって自分を見つめるための少しくらいの時間は無駄ではないと思うからです。

ただ、就職活動は間を空けないで始めなさいと言う理由もわかります。本来なら、そうした準備は定年前にやっておくべきでした。準備していた人は定年と同時に、あるいは定年前に動き出しています。それに比べれば条件が悪くなるのは目に見えているので、もたもたしている場合ではないということです。

長く考えればいいというわけでもありません。案外多いのは、石橋を叩いても渡らない人。考え過ぎた結果、怖気づいたり、腰が重くなって、行動しない人がいます。**考えるのはせいぜい半年から1年。**それなりに悩んだ結果で動き出し、軌道修正していけばいいのではないでしょうか。

超高齢社会日本のシニア世代がどういう動きをするのか、どう生きていくのかは世界の注目の的です。世界全体が高齢化に向かっているからです。日本の高齢者が働いている割合は先進国の中では最大。日本人は働くことが好きなのです。ただ給料を稼ぐためだけでなく、働くことの中に喜びや達成感や生きがいを見出すことに長けています。定年後の仕事も同じでありたいものです。

オスカー・ワイルドの言葉にはこんなものもあります。「生きるとは、この世でいちばん稀なことだ。たいていの人は、ただ存在しているだけである」。**仕事は生きていることを実感できる手段でもあるのです。**

第1章のまとめ

・長寿とは、何もしない時間が長くなることではなく、社会のために生きる時間が長くなること。
・働きたければ、再雇用だけを当てにせず、自分から動くことが大切。
・自分の経験と知恵を生かせる職場や環境を探そう。
・即戦力として自分自身を生かせる機会を探そう。
・定年後の生き方が定まっていないなら、むやみに焦らず、悩む時間を意識的に作ろう。
・ただし、考える期間はせいぜい半年から1年に。それなりに悩んだら、まずは動いてみて、そこから軌道修正していこう。

第2章

なぜ「やりたい仕事」が見つからないのか

「定年」はなんのためにあるのか

「外国には定年がない」といわれますが、必ずしもそうではありません。ある時、韓国のメディア関係者が「韓国は55歳の定年がやっと60歳になった」と話していたので、諸外国の定年制度はどうなっているのかを知りたくなりました。

「世界各国の定年と平均寿命」（JETRO作成）によれば、定年制がないのはアメリカ、カナダ、オーストラリア、ニュージーランド、イギリス。特にアメリカでは、年齢だけでなく、人種や性別などを理由とした差別行為は禁止です。

意外なのはイギリスで、定年制を廃止したのは2011年とわりに最近のこと。廃止した理由は、年金支給開始年齢の引き上げです。定年と年金支給開始年齢は密接な関係があります。今後さらに年金支給開始年齢を引き上げる予定の国は多く、すでに米国やドイツは67歳、英国は68歳への引き上げを決めています。

同じ欧州圏でありながら、フランス、ドイツ、オランダ、スイスなどには定年がありません。私の知人は若くしてデンマークへ渡り、以来ずっと働いていましたが、「65歳で定年になり、年金をもらえるようになった」とメールがきました。

アジアでは、韓国が２０１６年に55歳定年を60歳に引き上げました。台湾の定年は65歳、シンガポールは62歳、マレーシアは60歳。これらの国々では定年自体が法律で定められています。

では、日本にも定年を定めた法律があるのでしょうか。結論から言うと、**定年を義務化した法律は存在しません。**企業が独自に定年制度を採り入れ、それが一般化しているだけです。

それでは、高年齢者雇用安定法はどうか。この法律は定年を定めたものではなく、事業主に対して最低65歳までの雇用を促しているだけです。対策として「定年を65歳未満に定めている事業主は、雇用する高年齢者の65歳までの安定した雇用を確保するため、①定年の引き上げ、②継続雇用制度の導入、③定年制の廃止のいずれかの措置を講じなければならない」としています。だから、定年は何歳でもいいし、なくても構わないのですが、**現時点で60歳定年制を採っている会社は約8割と圧倒的多数です。**

60歳定年の会社や組織は、定年の引き上げや定年制の廃止は難しいので、その後**1年ごとに更新する再雇用（公務員の場合は「再任用」）**という苦肉の策を採っています。多くは65歳までの5年間です。

それでは、なぜ法律で定められてもいないのに、大多数の企業は定年制を採用しているのでしょう。

従来、日本の企業ではよほどのことがない限り社員が解雇されることはありませんでした。雇用する側に比べて立場の弱い従業員は法律によって手厚く保護されています。しかし、解雇も定年もなければ、生涯現役志向で将来不安のある日本人はほとんどが長く務めることを希望するでしょう。職場を変えず、安定した給与と待遇を受け続けたいと思うに違いありません。

余談ですが、早期退職、再雇用、65歳までの定年延長のどれでも自由に選べることにしたのに、定年延長を選ぶ人が8割という会社があります。多くの男性は当初、再雇用を選んで適度に働き、趣味を楽しみたいと希望するものの、最終的には定年延長を選ぶそうです。理由は妻が夫の継続雇用を希望するからとか。夫婦関係も働き方と関係するようです。

さて、辞めていく人がいなければ、社員の数は膨れるばかり。それに見合った仕事やポストを用意するのは難しくなります。人員過剰になり新規採用を控えるような事態になれば、会社の成長はありません。また、若いうちは低く、年齢と共に高くなるという日本特有の給与体系では、人件費の負担は相当なものになります。これでは成長どころか会社の存続もあやしくなります。

その解消策となるのが定年制度と新卒採用です。新人が入社してくるのと同時に、ある年齢に達した高齢社員がところてん式に出ていく。日本の会社はこの二つの制度をうまく組み合わせて、新陳代謝を図ってきました。だから、**定年はなくてはならない制度だった**のです。

安定終身雇用とチャレンジ転職

それなら、定年がないアメリカではどうしているのでしょうか。彼らは転職にはさほど抵抗がありません。いい条件であれば、ライバル企業であっても躊躇なく移っていきます。また、会社のほうも能力に問題があると判断した社員は容赦なく解雇します。業績が悪化した場合は、リストラプログラムを提示して退職希望者を募り、社員の数を減らして組織を立て直します。そうして業績と経費と成長のバランスを保っているのです。

私が知っている外資系企業でも頻繁に退職者募集が行われていました。特に業績悪化でもないのに、なぜだろうと思ったものですが、世界規模での戦略だそうです。社員もそれを見越していて、退職割増金などの優遇策を利用し、今がチャンスとばかりに辞めていく人がいます。優秀な社員ほど辞めるといわれていたものでした。

自分の能力を最大限にアピールし、給与も待遇も少しでもいいほうへ乗り換えて自分を成長させ、それが企業や国の成長につながっていくアメリカ。いっぽう、いったん入社したら家族同様、解雇の心配がない終身雇用や年功序列の仕組みの中で安心して働く日本。今から選べと言われたら、あなたはどちらにするでしょうか。

日本の社会は後者を選んだのです。この仕組みで先進国の仲間入りを果たしたのですから、日本人には合っていたのです。ただ、今後もうまくいくとは限りません。すでに多様な働き方を選ぶ次の世代が育っています。さらに、増えていく外国人労働者が日本方式を変えていくでしょう。大企業は新卒採用から通年採用に比重を移すことを明言しています。このことは当然ながら、シニア世代の働き方にも影響してきます。

アドバイスはひとつです。**遅くとも50歳時点で定年後の準備に取り掛かりましょう。うっかり60歳を超えてしまった人は、今度こそ65歳以降のことをきちんと考えましょう。そして、65歳を超えてなお何かを求める気持ちがあるなら、早く行動に移しましょう。**うかうかと過ごしてしまい、後から慌てるのは自業自得でしかありません。

若い人はすでに準備を始めています。私が活動するＮＰＯは会員資格を50歳以上としていますが、３年ほど前、40代の男性が入会してきました。理由を聞いたところ、自分たちの定年後はもっと今より厳しい世の中になると思うので、今からいろいろと準備したい、ついては今のシニア世代がどんな考えで、どう生きているのかを知りたいということでした。

実に、堅実な考えです。あまりに堅実すぎて、逆に心配なほどです。それぞれの時代の経済状況の差が、これだけ世代間意識の違いを生み出したということです。今の60代が30代や40代の頃は定年後の人生にそれほどの関心がなく、ひたすら仕事に没頭していたのではないでしょうか。

定年後の自分の生き方と準備にさほどの関心を示さなかった世代は、今になって悩んでいます。まるで、アリとキリギリスの寓話のようです。とはいえ、このキリギリスは遊んでいたわけではなく、むしろ働き過ぎでした。日本を経済大国に押し上げた功労者だったことはリスペクトされるべきだと思います。しかし、若い世代の危機感を少しは見習ったほうがいいかもしれません。

まだ働かなければならないのか

高齢化の進んだ日本では、様々なところでシニア世代への期待が高まっています。最初に期待されたのは消費者としてでした。人口の多い団塊世代が定年となり始める2007年頃から、退職して暇とお金を手に入れたリタイア世代は趣味や娯楽にお金を使うに違いないという希望的観測の下、どうお金を使わせるかの対策が盛んに練られました。シニア世代の消費は100兆円を超えたとか、日本人の貯蓄の多くはシニア世代が持っているなどと、消費をけん引する役目が期待されました。シニア市場専門の調査会社が次々と生まれ、期待は今も続いています。

時代は移り、シニアには労働力を提供する人材としての期待が加わりました。働いて年金を支える側になってもらおうという議論や対策が盛んになされています。シニア専門の派遣会社や就職斡旋会社などが続々と登場し、自治体さえ地域のシニアの就労支援に力を入れる時代です。

しかし、シニア世代には複雑な気持ちもあります。「いつまで働かなければならないのか」。政府は2019年成長戦略の中に、継続雇用年齢を65歳から70歳に引き上げることを掲げ、2020年には高年齢者雇用安定法を改正して、企業に義務付けるとしています。ますます働かなければならない状況になっています。働きたいシニアにとっては喜ばしい状況なのですが、その割にはあまり動いているようには見えません。**再雇用期間が延びるという期待に加えて、新しい仕事がどこにあって、どのように探したらいいかわからないからではないでしょうか。**ハローワークは頭に浮かんでも、それ以外の情報はあまり持っていないようです。新卒学生と同じように、定年後のための再就職ガイダンス、業界や企業研究が必要だと思います。

情報をつかんだ人と、知らない人との間には大きな差ができます。組織に属していた時のように、仕事は向こうから来てくれません。必要な情報を自分でつかむ努力が肝心です。

また、採用側の多くは、シニア世代がどんな意識と力を持っているのか、どう使っていいかを理解していません。シニア自身が多種多様な能力を持っていることをアピールすれば、新たな仕事や職場の可能性が広がります。

働きたくても働けない

働くことに関して、シニア世代はどんな状況にあるのか。働く意欲と生活資金を軸に図のように4つに分類してみました。あなたはどのグループに属すでしょうか。そこから何かヒントが見えてくるかもしれません。

図の第1グループは、生活が楽ではないのに働く意欲が低い人々です。主に節約を旨として暮らしています。自分にできる仕事はないと思っていて、あきらめがちです。シルバー人材センターなどには取り組みやすい仕事、特定の技能がなくてもできる仕事があることを理解し、収入を確保して、引きこもりや孤独死を避ける努力が急務です。ここには、その気になれば働ける人々がいるということです。

シニア世代の働く状況と意識

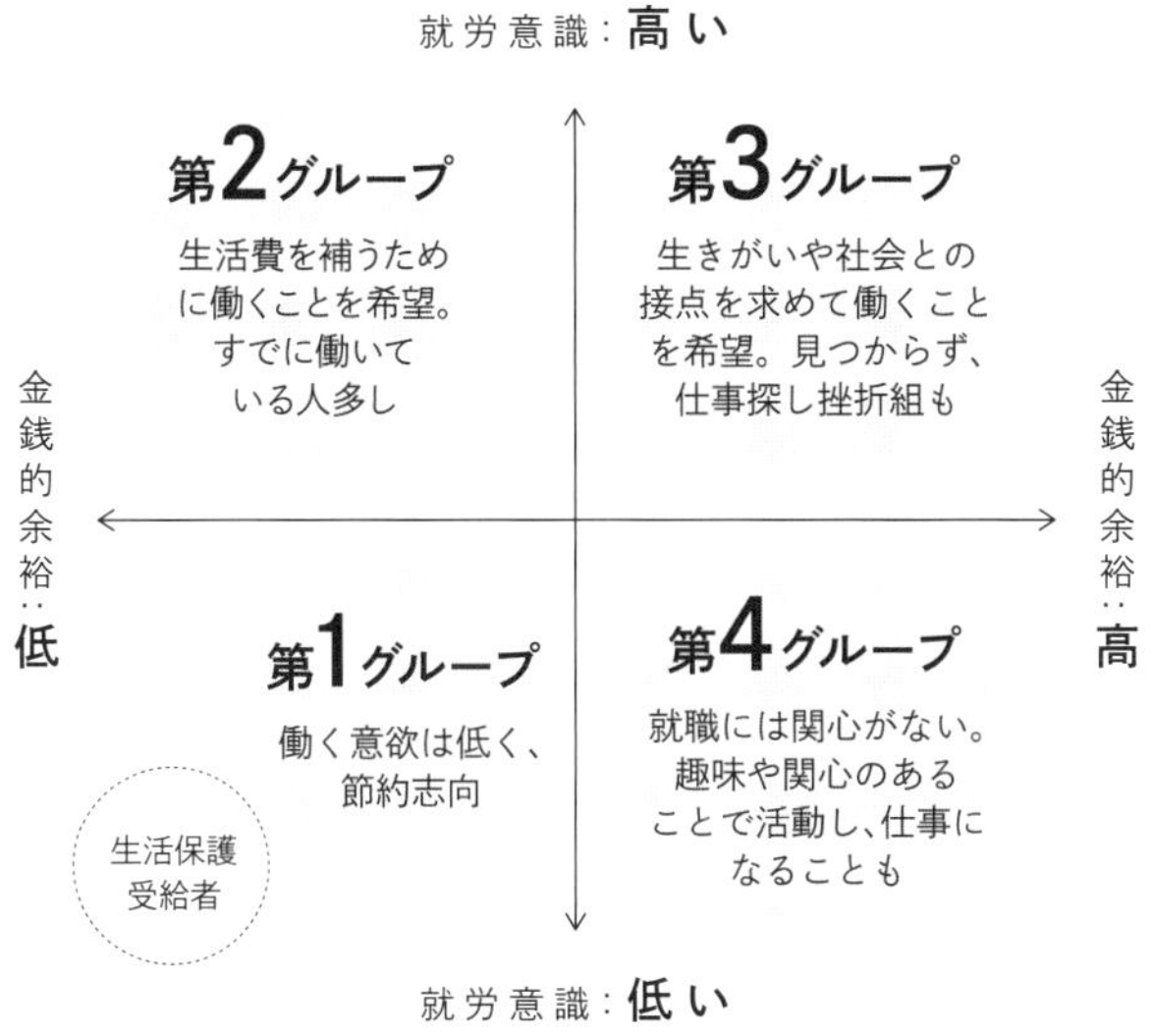

ただ、生活保護受給者もここに入ります。生活保護受給者の半数以上を占めるのは65歳以上。病気や介護などを抱えた人が多く、働くのは難しい状況にあると思われます。しかし、状態がひどくなければ、ボランティアとして無理のない範囲で地域社会で活動することはできます。ボランティアは働くことにつながります。生活保護受給者であっても社会参加したり、地域住民とのコミュニケーションを

取ることの重要性は言うまでもありません。

第2グループは不足する生活費を補うため、あるいは、ゆとりを求めて働くことを希望する人たちです。意欲的に仕事を探す傾向があるので、多くはすでに何らかの形で働いています。早く仕事に就きたいという理由から、希望通りではないものの、シニアを積極的に採用している業界や企業などで仕事に就いている人が多いと思われます。多くの人の希望はできるだけ待遇が良く、長く続けられる仕事に就くこと。機会があれば、スキルや経験を生かせる職場にシフトしたいと思っています。

第3グループは、金銭面から働く必要性はそれほど感じていないものの、生きがいや社会とのつながりを求めて仕事に就きたいと考えている人たちです。こだわりが強く、単純労働や補助的作業は好みません。ハローワークなどで探したことはあるものの、納得いく仕事は見つからなかったことで諦めてしまい、テレビの前のソファで所在なく過ごす「仕事探し挫折組」も多いと思われます。

そして、第4グループには、お金の心配は一切ないので、セカンドライフの選択肢に一般的な意味での働くという概念はなく、悠々自適な生活を送っている人々がいます。自分を「就労を終えた人」と思っていて、趣味や生きがい達成のほうに関心があります。就職は頭にない「完全卒業組」です。

しかし、ただ遊んでいるわけではなく、個人的な興味や社会貢献への関心から、自分のペースでやりたいことを始める人がいます。個人事業主として、あるいは起業、社会貢献的な事業に取り組むことがあり、別の意味での働く意欲は高いといえます。

働き方や仕事のイメージを見直す

もっとも対策が必要で人材的にもったいないのは第3グループの人たちです。

働く意欲はあるのに、仕事が見つからないので、「まだ働かなければならないのか」と居直っているような状況です。特に富裕層ではありませんが、それなりに蓄えもあり、気がすすまない仕事なら、しないほうがいいと考えています。幸い、折り合いのつく仕事を見つけた人もいますが、やはりもっと自分の経験と能力を生かせる場はないかと探しています。

まさに、ここに求人側と求職側とのミスマッチが見えます。人手不足業界が手っ取り早く確保できるのは第2グループの人たち。しかし、彼らの多くはすでに働いているので、伸びしろはあまりありません。もっとも働きたいシニア世代が残っているのは第3グループですが、企業は彼らが希望するような仕事を提供することができていません。

内閣府は自宅に半年以上閉じこもっているひきこもり状態の40〜64歳が、全国で推計61万3千人いるとの調査結果を発表しました。最大の理由は「退職した」で、5番目の理由は「就職活動がうまくいかなかった」でした。仕事のあるなしが、いかに生活状態に影響するかがわかります。65歳以上は労働人口に入っていないのでデータはありませんが、もっと多くの人たちが同じ理由でひきこもり状態にあるのではないかと思われます。

今後の課題は、産業界や企業が今までにはない新しいシニア世代活用の仕組みや事業を作れるかということです。そして、シニア世代のほうは過去に固執することなく、自分の能力を柔軟に捉えた意識変革ができるかどうかです。企業が求める部分とシニア世代の能力に接点が生まれれば、働くシニアの割合はさらに伸び、日本の成長にも寄与します。

さて、自分はどうやら第3グループあたりにいるらしいと思った人はどうしたらいいのでしょうか。発想を変えてみることです。**仕事に出会えないのは、働き方や仕事のイメージが現役時代のままに固定化されているからではありませんか。**あるいは、**自分の経験やスキルを狭い範囲に押し込めてはいないでしょうか。**広い視野で見渡し、柔軟な頭で、自分を生かせる場所はどこか、仕事は何かを探してみることが大切です。

なかなか腰が上がらないなら、関連する能力のスキルアップや資格取得講座などに参加して、自分磨きから始めるのもいいかもしれません。自治体では、シニア世代向けの講座をたくさん開催していて、受講料はほとんどかかりません。市報、区報などの発行物、自治体サイトなどでチェックしましょう。

私の講座ではそれなりの時間を〝生きがい就労〟の説明に費やすことにしています。日本社会がシニア世代の力を必要としている状況、定年後の働き方にはたくさんの選択肢があること、地域社会にもコミュニティビジネスという新しい働き方が生まれていること、趣味や得意技をビジネスにしてしまった人もいることなどを伝えます。すると、気づいて動き出す人もいます。セカンドライフでの仕事や活動は生きがいそのものなのです。

「まだ働かなければならないのか」という状態から「**無理はせずに、もう少し働いてみようか**」という人が増えれば、日本の社会に活気が出ます。上手に働いて、お金も生きがいも元気も手に入れてほしいものです。

再雇用はハッピーか

2013年に施行された改正「高年齢者雇用安定法」で、希望すれば誰もが経験や能力に関係なく65歳まで働けることになりました。60歳で定年を迎える人の多くは再雇用制度を利用しています。

せっかく用意してくれた有難い制度です。利用しない手はないと考えるのは当然ですが、**何も考えずに再雇用に飛びつくのも考えもの**です。暇だから会社にでも行っておくかというのも感心しません。最終的に再雇用を選ぶとしても、その前に、**ほかにはどんな可能性や選択肢があるのか、再就職期間に自分は何ができるのか、終了時にどうなっていたいのか**などをよく検討したうえで結論を出してほしいと思います。

再雇用での主な関心事は収入と仕事でしょう。東京都の給与に関するデータによると、再雇用での給与は定年前の6割未満が最も多くなっています。未満なので、定年前の半分、あるいはそれ以下ということもあります。地域や仕事でも違ってくるので、よくて半分くらいの感覚で生活設計をしたほうがいいかもしれません。

ただ格差はあるとしても、再就職先を探す苦労に比べたら再雇用は楽です。しかも、これからは生きがいの一つとして仕事をしていくのだから、給与の額はそれほど問題ではないと考える人もいます。

再雇用でどれだけ賃金が下がるのか

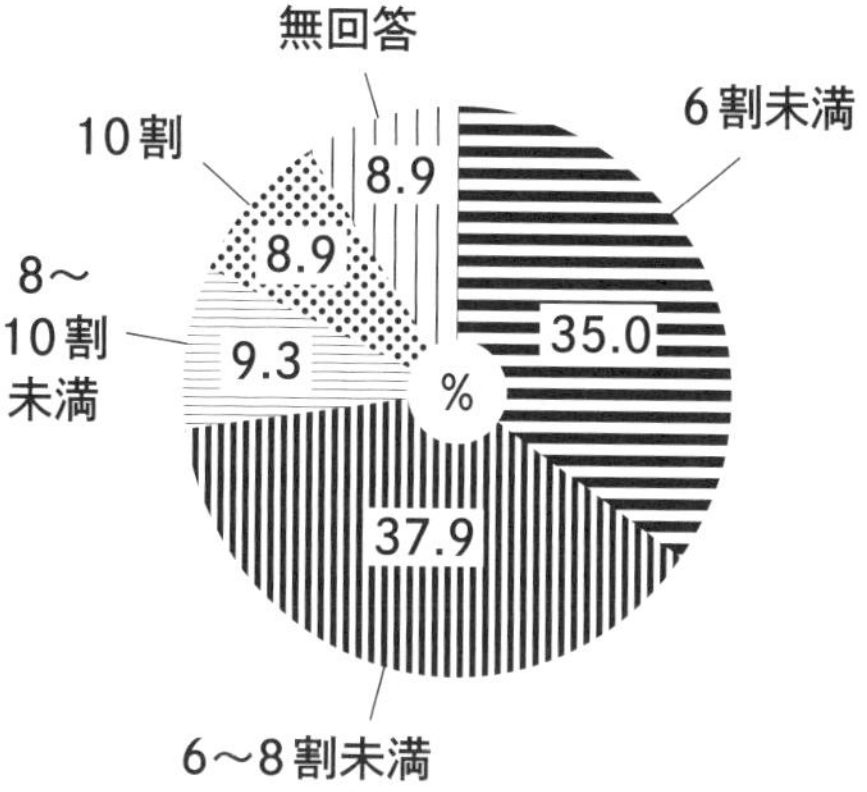

出所：「高年齢者の継続雇用に関する実態調査」（東京都産業労働局）

　では、もう一つの関心事である仕事のやりがいや生きがいはどうでしょうか。仕事の喜びはそれなりの権限と責任を持ち、率先して仕事に打ち込み、よい結果を出して満足することにあります。しかし、残念ながら、再雇用では権限や責任はなくなります。それどころか、自分の役目が何なのか、どんな仕事を担当するのか、さっぱり分からない状態になることもあります。

　一見有難いような「希望すれば誰でも再雇用される」の「誰でも」は、

下手をすると「誰でもいい」につながります。心配した通り、会社ではひとりひとりの経験やスキルを判断して配置するという、顔の見える対応はあまりできていません。

やることがないので、「これからもいろいろと教えてください」と言われたことを鵜呑みにして、元の部下を訪ねたところ、無関心で冷たい対応にショックだったという話はよく聞きます。また、主要な会議やミーティングに呼ばれなくなった時の寂しさは、分かっていながらも堪《こた》えたとも言う人もいました。その結果、再就職期間をなんとなく過ごしてしまったという人も多いのです。

そのような状況に耐えられず、最終期限の65歳まで在籍することなく、別の道を探し始める人がいます。もちろん会社は引き止めたりはしません。もはや、「どうぞ、ご自由に」なのです。

再雇用はよくない、選ばないほうがいいとすすめているわけではありません。

満足して働いている人には大いに力を発揮してもらいたいと思います。しかし、再雇用制度があるからといって、過度な期待や油断をしてはならないのです。**定年は勤め人なら誰もが経験する人生のターニングポイントであり、逆に人生を再検討するチャンスと考えるべき**です。

これから定年を迎える人は、制度も含め、自社の再雇用の実態はどのようなものなのかを先輩や経験者に聞く機会を持つことをおすすめします。もしも期待通りでなかったら、次の道も早めに検討しましょう。幸い再雇用の契約は1年ごとです。よりよいわが道を見つけた上での自主的な契約解除であれば、会社もほっと胸を撫でおろすことでしょう。

定年退職者の活用方法が分からない

再雇用制度が始まって10年以上経つというのに、多くの企業ではまともな受け入れ態勢が整っていないように見えます。なぜ企業は再雇用者を積極的に活用しようとはしないのでしょうか。定年退職したとはいえ自社の社員だったのですから、現役時代の経験やスキル、功績は把握しているはず。せっかく給料を払うのであれば、自社に役立つ再雇用のあり方と制度を検討し、経験豊富な人材の活用を図ったほうが得策なはずです。

しかし、そのような取り組みはあまりありません。せっかく育てた人材と技能・技術・経験を、定年後とはいえ、みすみす捨ててしまうこと、他社に取られることをもったいないとは考えないのでしょうか。

それで思い出すのは、定年退職後の働く意欲に溢れ、高度なスキルを持った日本の技術者たちが、力の発揮場所を求めて人材を必要とする海外の国々に続々と渡った時代があったことです。彼らがその国々の技術と国力を引き上げることにひと役もふた役も買ったという事実は記憶に新しいところ。

地球規模でみれば素晴らしい貢献ですが、国内で活躍してもらうための新たな仕組みや制度が作れなかったことは本当に残念でした。

再雇用の根拠となる法律「高年齢者雇用安定法」は、団塊世代の定年退職が本格化すること、年金支給開始年齢が65歳になることを踏まえた上で２００４年に改正されました。この時点では、労使で基準を決めれば、会社が再雇用者を選ぶことができました。少なくとも能力の判断がなされたということです。

２０１３年にはさらに改正法案が施行され、企業側に、定年延長、継続雇用制度の導入、定年制の廃止のいずれかを選んで65歳までに雇用するように義務づけました。この時から、能力には関係なく、希望すれば誰もが65歳まで働けるようになりました。これは珍しい制度だと思います。日本以外に定年を迎えた社員を評価もなしに一括して非正規社員として雇用するような国はあるのでしょうか。

どの会社も程度の差はあれ、混乱したに違いありません。定年退職者がどの程度の力を発揮できるのかは未知数であり、年齢からくる協調性や柔軟性への懸念、つまり扱いにくいという心配があります。高齢なので無理はさせられず、健康状態も管理しなければなりません。

何よりも、まだまだ年功序列が残る日本の企業風土の中で、年上の部下への対応の難しさ、先輩なのに非正規社員というねじれた関係が生じます。また、再雇用制度を担当する社員は現役世代ですから、自分自身に定年の経験も実感もなく、定年時の状況や気持ちを理解した対応は困難です。

多くの企業は義務は果たしつつも、課題を抱えています。**今後は再雇用という枠にとらわれず、個々のスキルや経験を生かせる別の会社や仕事を見つけることを支援する制度を充実させる必要があります。**定年後の身の処し方をあまり考えてこなかった定年退職者と、法律を受け入れたものの用意ができていない企業は、準備不足という点で同じようなものです。どちらにも満足できる制度にするための検討が必要です。

自立できない人間を育ててしまった

会社のありかたが問われる時代になり、過度な残業や休日出勤の禁止、有休取得の義務化など、働き方改革が進んでいます。連日の報道を見るにつけ、仕事第一、会社第一が美徳だった世代の働き方とはまったく違う世界になったことに感慨すら覚えます。

最近は人材の流動化が活発になっていますが、以前は会社でトップ層になれたのは「生え抜き」と呼ばれる人たちでした。中途採用組はそれだけで出世路線から外れます。新卒で入社し、一度も会社外に出たことのない人たちが会社をけん引し、順調に出世階段を上っていきました。

そのような人たちが、定年後になってまったく異なる環境を恐れるのは当然です。人間関係も含めて大きな変化のない環境で仕事をすることを希望するので、再雇用がベストだと思ってしまいます。基本的には個人の問題ですが、今までの企業のありかたにも問題があったといえるのではないでしょうか。

会社は自社の風土や色に染まり、会社第一に考えて、与えられた仕事に懸命に取り組んでくれる社員を求め、育ててきました。社員も目の前の仕事に真面目に取り組み、成果を挙げることに集中し、そのほかのことは生活に関する福利厚生も含めて会社任せにできました。

結果として、自社や業界や自分の仕事以外にはあまり関心がなく、自分の人生設計すらしたことがない人間が出来上がりました。彼らが定年になり、組織や仕事がなくなった時、どうしていいかわからなくなるのは当然です。

昔のように定年後の人生があまり長くない時代なら、大した問題ではなかったのですが、セカンドステージ、サードステージが普通になった現在では、多くのリタイア世代が抱える共通の悩みとなっています。**批判を恐れずにいえば、日本の会社は自立できない人間を育ててしまったといえるのかもしれません。**

自分にふさわしい仕事は現役時代と同じ会社にあるとは限りません。経験や能力は別の会社や別のやり方で生かせる場合もあります。常にアンテナを張っておき、チャンスがあれば動くことで、新しくて豊かな人生を手に入れることができます。

人手不足が深刻な業界や中小企業、地方の企業では、待遇改善や働き方改革などの対策を行い、再就職シニアへのアプローチに積極的になってきました。自社の定年退職者の再雇用だけでなく、他社の定年退職者の採用を行う会社もあります。人材の効率的な確保という意味から、行政や自治体と協力して、シニア世代の採用に積極的に取り組む会社も出てきました。シニアという眠れる人材の活躍する場が広がってほしいと思います。

働くことは雇われることか

江戸時代にサラリーマンといえば、藩主から禄を受けていたサムライやお役人、大店《おおだな》から給金をもらっていた番頭さんやでっちどんくらいだったと聞いたことがあります。一般庶民はどのように暮らしていたかというと、自分でモノを作ったり、仕入れたりして商売をする、**今でいえば自営業のような働き方がほとんどだったのではないか**と言われています。稼いだお金はその日に使ってしまう〝宵越しの金は持たない（それほどの稼ぎではないので、持てない？）〟状態だったようですが、自分がやりたいこと、少なくとも、自分ができることを選んで暮らしていたのではないでしょうか。

ぐっと近くなって高度経済成長期の昭和30年代。その時代を描写した「ALWAYS三丁目の夕日」などの映画にはスーツやワイシャツ姿のサラリーマンらしい男性がたくさん登場しているので、すでに勤め人は一般的になっていたのでしょう。それでも、背景の町々にはたくさんの個人商店や町工場などが見えています。

そして現在。2018年5月の労働力調査によれば、就業者数6698万人のうち雇用者数は5931万人。約90％もの人が企業や官公庁などに勤め、給料をもらう生活をしています。**日本は欧米と比べて雇用されている人の割合が際立って高い「サラリーマン大国」なのです。**


では、いつごろからなぜ、雇用されることが日本人の一般的な働き方になったのでしょう。ひとつ考えられるのは戦後日本の高度成長期、団塊世代前後の人たちが社会人となっていく時代です。

1960年代後半から1970年代の初めにかけて、日本には民族大移動といっていいほどの人の動きがありました。団塊前後の世代が若者だった時で、代表的な例として集団就職が挙げられます。多くの中卒の若者が地方の農村や山村から出てきて都市部の工場や商店に勤めました。彼らは貴重な労働力として〝金の卵〟と呼ばれました。

大学への進学率も高くなっていく時期で、都市の大学で学ぶために移動する地方の優秀な若者も相当な数にのぼりました。そして卒業すると、ほとんどの人が田舎に帰らずにそのまま大都市圏の会社に就職しました。すでに都会には人を雇うだけの力を持った会社がたくさんあったのです。中小の企業や製造業がたくさん生まれ、日本が大きく成長していく時期と重なっています。

ちなみに、発展途上国では雇用される人よりも、起業する人の割合が高いのが普通です。それは産業が未成熟なためで、雇ってくれる会社がないならば、生きていくためには自立して稼ぐしかないからです。江戸時代の日本の状況と似ています。

ご存じのように、後に世界有数の企業となるソニーや本田技研工業は、町工場から大企業へと成長した典型的な例です。ソニーは終戦の翌年1946年に、ホンダは1948年に創業し、瞬く間に世界企業へと駆け上りました。また1937年に創業したトヨタが飛躍を遂げたのもこの時代です。こうした企業は成長のために多くの若い人材を必要としたのです。

1970年代、日本には大企業に成長した会社が多数ありました。そのような会社に就職すれば、終身雇用制度の下、毎月滞りなく給料をもらい、環境の整った職場で安心して働くことが約束されました。

この当時は、由緒正しい老舗の跡継ぎまでサラリーマンになることを選ぶ傾向にありました。**いくら老舗でも家族経営の小さな商売よりも、一流といわれる企業に勤めて安定した生活を送ることが、社会的ステータスが高いと認識されるようになっていました。**このような条件は恋愛や縁談にも影響します。こうしたことも「働くこと＝雇われること」が定着していった要因だと思われます。

卒業が近づいた学生の関心はどこの企業に就職するかということで、有望産業の安定した大企業を目指す様子は、今も当時も変わりありません。私の記憶では、自ら事業を興そうという同級生はほとんどいませんでした。「就職が決まって髪を切ってきた時　もう若くはないさと君に言い訳したね（『いちご白書』をもう一度』の一節）」という歌が流行ったことを懐かしく思い出す人もいるでしょう。

大企業への就職を選んだ老舗の御曹司たちの中には、50代になってから、やっぱり継げばよかったと後悔して、家業に戻った人もいます。日本経済に陰りが見え、リストラが始まり、サラリーマン生活に疲れた頃、やっと家業の価値に気づいたということでしょうか。

今、その人たちはとっくに60歳の定年を迎え、さらに65歳までの二度目のお勤めも果たし、それでもなお働くことを希望する時代になりました。**昔に比べれば働き方は多様性に富んでいて、体力で勝負できないシニア世代にとっては望ましい状況にある**ともいえます。定時に帰宅できたり、出社することなく家で仕事をしたり、副業も兼業も問題なしという働き方はシニア世代にも好都合です。

また、相変わらずサラリーマンの多い日本ですが、今までのように雇われるだけでなく、自ら事業を立ち上げたり、地域社会でコミュニティビジネスを行うなど、柔軟な生き方も選べる時代です。広い視野で、可能性を探ってみれば、自分に合った仕事と生き方が見えてくるかもしれません。

働きもの高齢者を生かす場を

60歳からの再雇用期間を終えても、まだ働きたい人がたくさんいるということを実感したのは2018年10月に東京都が開催した「東京セカンドキャリア塾」でのことです。私は講座の企画ならびに講師として参加させてもらいました。講座の目的はもう一度社会で活躍するための知識を習得しながら、自分なりの生き方や働き方を見つけてもらうこと。3倍もの応募者から選ばれた、65歳前後の受講者、120名以上が都内2か所に分かれて、約半年間学びました。

塾生と接して感じたのは、**社会とつながっていたい、自分の経験や知識を役立てたい、何かしたいという強い思いを持っていること**です。現役時代に続く再就職期間が終っても、次に活躍できる道を探している人が大多数でした。

65歳以上は高齢者と呼ばれますが、そんな雰囲気とは無縁であり、どう考えても高齢者の基準を65歳とするのは間違っていると実感したものです。そして、人手不足といいながら、この人たちが活躍しにくい社会があるとしたら、やはり考え直す必要があると強く思いました。

日本の高齢者は働きものです。平成28年度版高齢社会白書によれば、60歳以上の人たちに何歳まで収入を伴う仕事をしたいかを聞いたところ、「働けるうちはいつまでも」が最も多い回答でした。まさに生涯現役志向です。

では、実際の就業率はどうか。左ページのグラフにあるように、60〜64歳の男性で72・7％と高いのは再雇用制度の賜物でしょう。それが終わった65〜69歳で

高齢者の就業状況

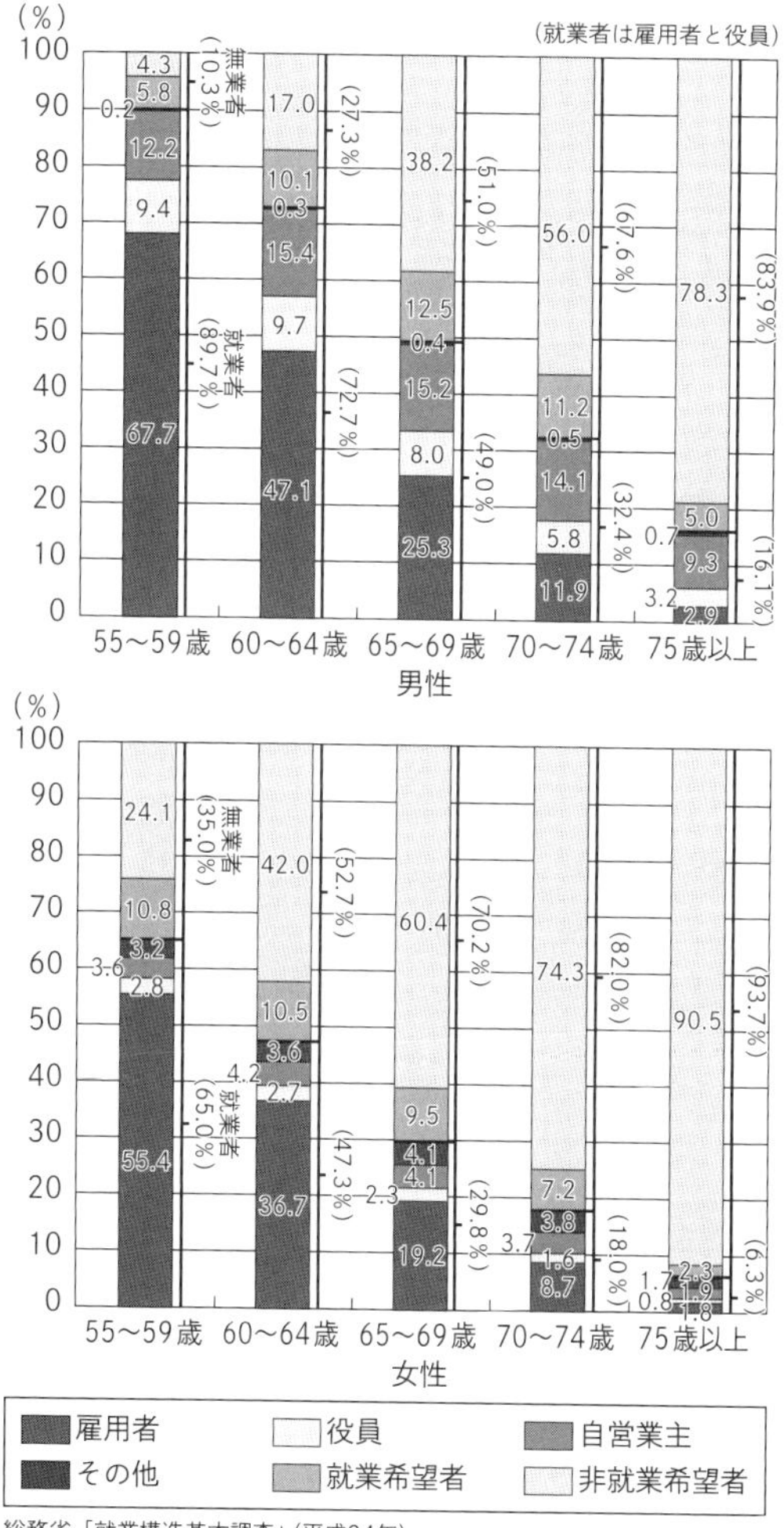

総務省「就業構造基本調査」(平成24年)

も49・0％と半数が何らかの仕事をしています。

女性では60～64歳で47・3％、65～69歳でも29・8％と3人に1人の割合で働いており、思いのほか頑張っています。

日本の65歳以上の就業率は、平成26年で20・8％と世界では最高水準にあります。先進国ではアメリカ17・7％、カナダ19・9％、ロシアとイギリスが10％程度、ドイツ、イタリア、フランスに至っては数％程度と低い数字です（2018年内閣官房人生一〇〇年時代構想推進室資料）。

日本と同じような超高齢社会のドイツ、イタリア、フランスなどの高齢者はどうしているのでしょう。悠々自適な生活を送っているのでしょうか。そうだとすれば羨ましいことではありますが、私は日本の高齢者の生き方も悪くはないと思います。日本人にとって、働くことは生きがいでもあるからです。

しかし、働いていない男性60～64歳のうち3割以上、65～69歳の2割以上が就業を希望しています。つまり、**多くの人材が埋もれている**ということです。この人たちを活用する場が必要です。

とはいえ、何度も言いますが、誰でも仕事は選びます。シニアだから、何でもいいわけではありません。接客業は自分には無理という人もいます。お客さんと接する仕事を経験していなかったら、「いらっしゃいませ」という言葉と笑顔は簡単には出ないでしょう。管理職経験があり、プライドが高ければ、知り合いや元の会社の人には見られたくない仕事もあるかもしれません。また、介護職は内容によっては、シニア男性が携わるのが難しい分野でもあります。

働きたい人の心の持ちようや向き不向きを無視し、数合わせだけで仕事を割り当てることは不可能です。

これから大事なのは、シニアの特長を生かせる新たな職場や機会を作り出すことです。今後は時代の要請で、今までになかった新しい業態や業種が誕生すると思われます。シニア世代の仕事を従来の枠に当てはめるだけでなく、その特質や培った経験・知恵を生かせる新たな機会を創り出す工夫や取り組みが必要です。

企業や国はこうした観点をもって、積極的に取り組むべきだと思います。

受け身の姿勢では変わらない

もちろん、シニア自身も変わらなければなりません。**まず変えるべきは、選んでもらう機会を待っているという受け身の姿勢です。**定年退職者の経験やスキルを欲しがっている会社は増えていますが、先方もどこにどんな人がいるかを探しあぐねています。マッチングがうまくできていないのです。ハローワークに掲示された求人票を眺めて、ため息をついているだけではだめです。待っていないで、探しながら近づいていく必要があります。

求人側が欲しいのは即戦力。それはとりもなおさず、今まで身につけた経験とスキルです。経験の浅い若年層には不足している部分でもあります。機会をみつけ、自分にはどんな経験と能力があるかをアピールすることを続けているうちに、仕事が近づいてくることもあります。

先日読んだ記事にこんなことが書かれていました。「これからテクノロジーが発達すれば、個人が持つスキルや信頼が可視化できるようになるので、経験を重ねてきた高齢者がむしろ有利な存在になるだろう」。そういう社会にしないと日本は生き残れません。ただし、その恩恵に浴するのは現役時代にきちんとスキルと経験を積んだ人です。現在の再雇用のように、希望すれば誰でもという社会ではないことは確実です。


次に考え直したいのが働くスタイルです。**これからも正社員である必要はあるでしょうか。**実は、定年後の再雇用は待遇面では非正規です。1年ごとの契約更新だから、再雇用も思っているほどの安定した立場でもないのです。非正規であれば、機会はより多くあります。

若い世代が非正規雇用では将来の社会保障などに不安がありますが、セカンドライフの仕事なら、非正規で十分ではありませんか。**正社員で自由がきかない働き方よりも、好きなようにマイペースで働いたほうが得です。**

定年後の生活資金に不安があるというなら、家計や資産を一度しっかりチェックしてみましょう。老後資金は2000万円どころか1億円かかると脅かすデータすらありますが、どういう計算をするかによります。ファイナンシャルプランナーのいうことも様々です。よほどの贅沢や大病をしない限り、心配はないとアドバイスする人もいます。

定年後は過度に拘束されることなく、ほどほどに気に入った仕事を見つけ、しっかり義務は果たす。その結果として、まずまずの給与をいただき、残りの時間は家族や友人との交流や趣味に費やす。こうした働き方を幸せだと感じる人は増えているのです。

さらに、仕事をしているので、その他のことは二の次という仕事一辺倒の人生は過去のもの。地域の活動に顔を出し、仲間や居場所を確保することも大切です。趣味や特技にも楽しみを見出しましょう。後で紹介しますが、趣味や得意技が地域活動や仕事につながり、セカンドライフが充実している人もたくさんいます。どこにどんなチャンスが転がっているか分かりません。**これからの時代は「よく働き、よく遊ぶシニア」こそが、理想のシニア像といえます。**

そして、限界が来たと思ったら、ご迷惑をかけないように配慮しつつ、頃合いを見計らって自分の意思で「退場」します。これこそが〝自らが演出する生涯現役〟というものです。

ただし、何をするにも大事なのは健康です。健康を害すると、本人だけでなく、家族や周りの人にも影響を及ぼします。「あなた一人の体ではない」はすべての人に当てはまる言葉。充実した人生で最も基本になるのは健康だということを忘れないでください。

経験・スキル・思いを〝見える化〟する

なぜ、やりたい仕事や活動が見つからないのか。理由のひとつは、**肝心の自分自身が自分の能力をよく理解しておらず、今後どうしたいのかということが曖昧で、整理されていないこと**です。頭でもやもやと考えているだけでは、いい考えを思いついても時間が経てば右から左に通り抜けてしまいます。堂々巡りするだけで、少しも結論に至らないのです。

そのような人がよく発する言葉は「とくに希望はない。いい仕事があったら働きたい」です。しかし、いい仕事とはなんでしょうか。人それぞれ経験も価値観も違うので、他人にはわかりません。実は本人もわかっていないのではという気がします。

そういう人には、どんな提案をしても「それはやりたくない」、「思っているのとは違う」と渋りがちです。本気で仕事を探しているのかと疑いたくなるほどです。それなら最初に、自分で考えていることや、どのような仕事に関心があるかを伝えてほしいと思います。そうでないと、時間ばかりかかって、肝心の仕事にはたどり着かないのです。

また、**やりたいことは役職とは違います**。面接で「部長ができる」「課長ならできる」と言ったということが笑い話のように伝わっていますが、案外作り話でもなく、私も何度か経験しています。中には「自分は社長に向いていると思うんだけど」と言った人がいました。とっさに言葉が出ませんでした。何を根拠に、向いているというのか。

部長や課長は単なる肩書であり役職です。それだけでは**どのような経験をして、どんな能力を発揮し、どのような実績を上げてきたか、何を身につけてきたか**はわかりません。再就職したいなら、それを客観的に示す必要があります。

就活では職務経歴書がそれに当たります。しかし、新卒で入社して以来、同じ会社に勤務し続け、転職経験などない人が今になって職務経歴書を作るのは大変です。また、シニアの就活は現役時代の転職とは違うので、それに見合った書き方も必要です。シニア就活での職務経歴書の書き方は3章で触れることにしますが、いきなり書くことは難しいので、まず準備をしましょう。

それは、**自分の経験やスキルだけでなく、今までの会社人生を整理し、総括しておくこと**です。それによって、自分自身への理解が深まり、強みにも弱みにも気づくことができ、応募先に合わせた職務経歴書が書けるようになります。

過去の業績や経験、スキルを分析するといえば「棚卸《たなおろし》」という方法があります。人生全般を検証する「人生の棚卸」もあります。倉庫などの在庫確認・棚卸作業から発したビジネス用語ですが、酸いも甘いも噛み分けてきたシニア世代には無味乾燥で不適切な感じがします。さらに、前に進むイメージも希薄です。

定年は第二の人生のスタート

そこで、ここでは「**スターティングノート**」という言葉で紹介することにしました。最近は「エンディングノート」が流行っているようですが、これは人生の終末に向かって準備をするイメージが強く、やはり希望的要素が希薄です。定年は人生のピリオドではなく、一つの区切りにすぎず、次の新しい人生につながるスタート地点でもあります。過去や終末だけでなく、これからの生き方にこそ頭を巡らせる時です。

「スターティングノート」は今までの生き方を検証し、いったん区切りをつけ、新たな気持ちでこれからの仕事や人生に前向きに取り組むためのものです。今までの人生を振り返りつつも、現状をしっかり見つめ、これからの生き方と働き方へのプランを立てて、目標に向かうための個人的なワークショップなのです。

セミナーなどで「人生の棚卸」を経験したことのある人は、あまり面白いものでなく、面倒だと感じたのではないでしょうか。確かに面倒ですが、60年以上生きて、その人生の半分以上働いてきた人には、必ず、それなりの経験や考えがあります。職務経歴書に使うかどうかは別として、それを形にすること、つまり〝見える化〟しておくことは、今後の生き方を考える際にも役に立ちます。現役時代は自分のことをじっくり考える時間は取れなかったはず。年齢を重ね、リタイアした今だからこそできることでもあるのです。

スターティングノートには、さらに、こんな効果も考えられます。

ひとつは、**自分の頭や胸のうちの〝もやもや〟を明確化できること**です。これから何をしたらいいのか、働くべきか、働くとしたら何ができるのか、何があるのか、お金は大丈夫か、家族はどうかなど、整理されないまま、いろいろな思いが頭の中には渦巻いています。それを整理するのです。

普段は簡単に口に出していることを、整理して文章化することがいかに難しいか。やってみればわかります。考えが意外にあいまいだったことや見落としていたことがあるのに気づいたり、思っていることをどう表現していいかと悩んだりします。そうしていろいろと頭を使い、まとめているうちに、次第に考えが形になっていきます。

さらにいいのは**何度でも推敲できること**です。人の考えはどんどん変わっていきます。環境も条件も変化します。その都度、考え直してみることで、その時の自分の思いを確認でき、そこに新たな考えやアイデアが積み重なることで、充実したものにしていくことができます。

自分の考えや価値観を確認することは、これからの人生や仕事にとって重要です。柱になる考えが確立していれば、再就職の際の面談などで何を聞かれようと、それなりに落ちついて対応することができます。人間的な魅力や人格を表現することにもつながります。

二つ目として、頭の中のイメージを言葉や文章にしていく作業は、まさに自己表現能力の訓練そのものだということです。仕事には他者とのコミュニケーションや交渉がつきもの。自分の立場や考えを年齢や経験、環境も性別も異なる人たちに理解してもらえるように伝える能力が必要とされます。**シニア世代が職場で最も重要視されるのは、実は協調性と理解力。**訓練がなされていれば、面接でも対応力の強さを発揮できるでしょう。

三つ目を付け加えるならば、いつのまにか「自分史」らしきものが出来上がることです。就職活動とは直接的に結びつかないかもしれませんが、仕事を中心とした人生の振り返りができます。まとめたものは貴重な自分史であり家族史であり、個人による社史・産業史としても価値あるものとなります。

「スターティングノート」は自由に書く

「スターティングノート」といっても、特別なフォーマットや出版物を用意しているわけではありません。それぞれが自分で作っていくだけです。用意するものはパソコン。なければノートに手書きでも構いません。

ただ、再就職のためにパソコンスキルは不可欠です。職業訓練を兼ねると思って、この際、文章は「ワード」などの文書作成ソフトで、定年後の生活費や資産一覧などは「エクセル」で、分かりやすくまとめたいなら「パワーポイント」などを組み合わせて作成してみてはどうでしょうか。

「スターティングノート」に書き出す大項目は、次の4つです。

1．過去を分析する

2. 現状を見つめる
3. 意思確認
4. 今後の人生シナリオと行動プラン作成

各項目に書き出す内容の例を、次ページ以降に記載しておきます。これ以外に思いつくことがあれば、いくらでも加えてカスタマイズし、自分なりのノートを作ってください。

パソコンやノートにこの4項目を作ったら、そこに例で示した細かい内容をどんどん思いつくままに書き込んでいきます。棚卸やエンディングノートなどにありがちな、決められた枠やスペースはありません。**枠に収まる人生はもう終わりです。自由に思いのたけを書き出してください。**

また、項目順に書く必要も、時系列で書く必要もありません。思い浮かんだことを該当する部分に自由に、どんどん記述していきます。**本筋から離れていったとしても、考えがあちこちに飛んでも、構いません。**

書いてさえあれば、後からいくらでも書き直したり、書き加えたり、順番を入れかえたり整理することができます。これが途中で嫌にならず、長続きするコツです。

1．過去を分析する

【仕事人生で】

- 今まで仕事と会社を選んだ理由やきっかけ
- やりたかった仕事に就けたと思うか
- もっとも元気だった時代はいつで、何をしていたか
- 達成感ややりがいを感じたことは何か
- 悔しかったこと・思い出したくない失敗はあるか

●やり残したことはあるか

●辞めたいと思ったことはあるか

●語りたい、知ってもらいたい成功談やエピソードはあるか

●お客さんや取引先との関係はどうだったか

●褒められたり、感謝されたりしたことはあるか

●自己投資・自己研鑽はしてきたか

●会社の自分への待遇は見合ったものだったと思うか

●同僚や部下との関係はどうだったか

●仕事関係以外の交流はあったか

●お世話になった人や尊敬できる人はいたか

●定年後の準備はしてきたか

●仕事に向き合う姿勢はどんなものだったか

●自分の仕事人間度はどの程度だと思うか

- 結局、自分はどんなスキルや経験を身につけたのか
- 会社や仕事は自分にとって何だったか

【人生全般で】

- 記憶に残る思い出にはどんなものがあるか
- どんな趣味や関心事があったか
- 親兄弟・家族との関係はどうだったか
- 友人・知人との関係はどうだったか
- 自分の支えとなっていたことは何か
- 家族にとって自分はどんな人間だったと思うか
- 人生のターニングポイントはいつだったか
- 最も幸せだった時代はいつか
- 苦しかった時代、心に余裕のなかった時代はいつか

● 今の自分はどんな人間か

例えば、【仕事人生で】の「やりたかった仕事に就けたと思うか」の部分では、「就けた・就けない」という答えだけでなく、就けなかったのであれば、どんな仕事に就きたかったのか、それはなぜか、希望の仕事ではなかったことで、その後の生き方にどんな変化（メリットもデメリットも）があったと思うか、そのことを今はどう思っているかなど、心のうちも含めて書いてください。逆に、希望通りの職であれば、その時の喜びや希望を思い出しながら書いてほしいと思います。

2. 現状を見つめる

【現状把握】

● 健康状態は

- 生活資金や資産の把握と金銭的な心配ごと
- 家族との関係は
- 親との関係は：介護など
- 趣味・娯楽・得意技はあるか
- 友人・知人・人脈はどうか
- 地域社会とのかかわりはあるか
- 何をしている時が楽しいか
- やりたいことはあるか
- 毎日、どんな生活をしているか

【自己分析】

- 私は何に価値観をおく人間か
- 自分の魅力や人間力は何か

- 自分に足りないと思う部分は何か
- 今、心動くことはあるか
- 仕事への関心はどの程度か
- どんな仕事に関心があるか
- IT能力はどの程度あるか
- コミュニケーション能力はどうか

3. 意思確認

- 働きたいか・働きたくないか
- その理由は
- 自分が働いているイメージ（例：雇用かフリーか、どこでどんなスタイルで働いているかなど）

● そのイメージと自分の力を発揮できそうな業界や仕事はあるか：可能性をすべて書き出し、絞っていく

4. 今後の人生シナリオと行動プラン作成

● 何から動き始めるかを絞る／それをいつまでに、どうするか
● 達成できたら：次はこれをこうする、そして、その次は……
● 達成できなかった場合：原因は何か／軌道修正できることはあるか

このノートは誰かに見せるためのものでなく、自分のこれからのためのものです。大事なのは、その時々の感情や周りの状況を加えて書き込むことです。これからの人生や仕事に向かう意欲は、その思いの中からしか生まれないからです。

読者への提案

このような自己分析は関心があっても、なかなか自分ひとりでは手がつきません。そんな方々のために、「スターティングノート作成ゼミ」のような機会を作るのはどうかと考えています。スターティングノートの書き方だけでなく、参加者が自分の仕事体験や思い、これからの希望を語り合う場にもなります。語り合い、第三者の意見を聞くことで、さらに方向性や意思が明確になり、協力者や同好の士も生まれます。「語り場とキャリアコンサルティング」を合わせたような場といえるかもしれません。

読者からの要望があれば、そういう場を設定することは可能です。関心のある方は左記のＵＲＬから編集部宛にご連絡ください。開催可能な場合は、編集部を通じてお返事します。

ＵＲＬ https://d21.co.jp/inquiry/

第2章のまとめ

・いい仕事に出会えないのは、働き方や仕事のイメージが現役時代のままだから。もしくは、自分の経験やスキルを狭い範囲に押し込めているから。
・何も考えずに再雇用に飛びつくのはＮＧ。ほかにどんな選択肢があるのか、再就職期間に何ができるのかなどをよく検討したうえで結論を出すべき。
・求人側が欲しいのは即戦力。機会をみつけ、自分にはどんな経験と能力があるかをアピールし続けているうちに、仕事が近づいてくる。
・セカンドライフの仕事なら、非正規で十分。正社員で自由がきかない働き方よりも、好きなようにマイペースで働いた方が得。
・シニアの就活は現役時代の転職とは違い、自分の経験やスキルだけでなく、今までの会社人生を整理し、総括しておくことが必要。
・スターティングノートで〝もやもや〟を明確化し、言葉にする練習をしよう。

第3章

定年後の仕事の考え方と見つけ方

1. 定年後のお金について考えよう

自分の生活資金を見極める

前章のスターティングノートの現状を見つめる部分には、「生活資金や資産の把握」があります。働くかどうかは、お金と密接な関係があります。生活資金が大きく不足していれば、自分の希望とはかけ離れた状態であっても、とにかく働かなければなりません。いくらか補えばなんとかなるのであれば、それを補う働き方をして、残りの時間は自分のため、家族のために使うことができます。

また、リタイア後の生活資金はよほどのことがない限り大丈夫だということであれば、やりたい仕事や趣味や関心のある活動を好きなだけして生きていけばいいのです。それも仕事につながることがあります。

つまり、**最初にすべきは自分の生活資金がどういう状態にあるのかを見極めて、それに沿った働き方を選択すること**です。

定年後の働く理由を聞いたアンケートはたくさんありますが、どのアンケートでも理由の第一は「収入がほしい、生活費に不安がある」です。定年後のお金対策が「十分できている」という回答はわずか3%という調査もありました。

2019年、金融庁から「『高齢社会における資産形成・管理』報告書（案）」が提示され、「年金だけが収入の無職高齢夫婦の場合、家計収支は平均で毎月約5万円の赤字。蓄えを取り崩しながら20～30年生きるとすれば、現状でも1300万円～2000万円が必要になり、長寿化で、こうした蓄えはさらに必要になる」という部分が話題になりました。年金は老後を支えるには十分ではないと公言されたことになります。

しかし、年金だけでは暮らせないことはとっくの昔にわかっていたことです。

私は、老後資金の不足に備えるには三つの選択肢があると話しています。一つ目は**節約**です。足りなくなると分かれば誰もがなるべくお金を使わない工夫をします。しかし、それでも足りない場合は**働く**しかありません。これが二つ目。そして、三つ目は**資産運用**です。資産運用はギャンブル性の高い投機とは違います。お金を寝かせておかないで、お金に働いてもらおうという考え方です。

今回の金融庁の報告の意図は、タンス預金やほとんど金利ゼロの銀行に預けておくのではなく、投資による資産運用も考えてほしいというアピールでした。しかし、年金が足りない部分ばかりクローズアップされてしまいました。それだけ、国民は年金問題に敏感だということへの理解が不足していたのです。

ただ、総務省の統計などには以前から、現役時代と定年後の収入の差を予想したグラフが掲載されています。今さら驚くことではないのですが、政府公認の資料に記載されるということで影響が大きかったのでしょうか。結局、政府はこの資料の受け取りを拒否したようですが、今さら取り消しは不可能です。

ちなみに、あるネット投資会社では、金融庁が報告書を公開した翌日以降の口座開設申し込み数は、以前の同じ期間と比べて約175％も伸びたそうです。話題になったことで投資が促されたわけで、皮肉にも金融庁の目的の一つは達成されたといえます。

年金といえば、2019年8月、厚生労働省は「公的年金制度の財政検証結果」を発表しました。日本経済の成長率に合わせて、将来の年金水準がどうなるかを試算したものです。しかし、成長率次第で変わる報告では、何ひとつ確かなことはなく、将来不安はなくなりません。抜本的な制度改革が必要です。

さて、**2000万円という数字はあくまでも平均値です。肝心なのは自分の家はどうかということ。**不安に思っている割には、多くの人はこれに案外無頓着です。セミナーなどで参加者に「自分の家の毎月の経費はいくらかを知っていますす

高齢無職世帯の収入と支出

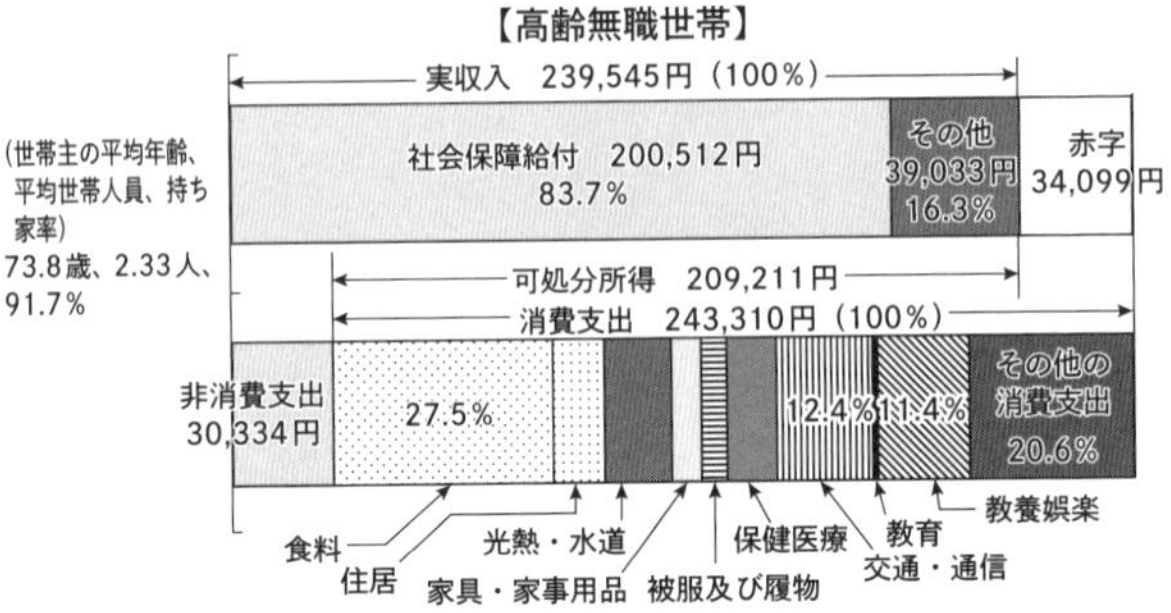

か」と聞いても、手を挙げる人は半数くらいしかいません。今後の人生に必要な資金を把握している人はもっと少ないでしょう。

もちろん、人生には予期せぬ出来事が起こるので、会社の事業計画表のようなものは必要ないにしても、**ざっとでいいので、一度はわが家の資産や貯金などを把握しておくことをおすすめします。**

まず、毎月いくらで生活しているかを出してください。生活費はどのようなライフスタイルを送っているかで異なります。わが家のお金の使い方の傾向を知れば、どこを節約できるか、どの程度働く必要があるかが定まります。

右上のグラフは、平成26（2014）年「全国消費実態調査」（総務省統計局：5年ごとに調査）に掲載された二人以上の高齢無職世帯の収入と支出です。毎月3万4千円ほど足りないことになっています。しかし、今の時代、夫婦でパートやアルバイトをすれば稼げないことはない数字で、黒字にすることも可能です。

まず、このグラフの分類項目と平均数値を参考にして、わが家はどんな支出が多いのか、毎月の適正な収入と支出はどの程度かを割り出してみてはどうでしょう。働くかどうか、どう働くかを決めるのは、それからでも遅くないのです。

定年前後の給付金を知っておく

定年前後に利用可能な給付金があります。想定と違ったり、不測の事態が起こる可能性もあります。このような情報は知っておいたほうがいいでしょう。ここでは3つ紹介します。

失業保険は65歳まで、65歳以上は高年齢求職者給付金

定年退職でも失業保険（正しくは「雇用保険の基本手当」）を受給できます。**条件は、退職前の2年間に雇用保険の加入期間が12か月以上あり、現在失業していて、働く意思があること**です。働く意思を示すために、ハローワークで求職手続きをする必要があります。

失業保険は会社都合（特定離職者）か、自己都合（一般離職者）かで給付日数が違ってきます。会社に再雇用制度があり、定年後に再雇用を選択しなかったときは自己都合になります。会社に再雇用制度がない場合は会社都合ということになり、給付総額が増えます。

失業保険の給付期間は、離職の翌日から1年間という規定があるので、手続きは早めにしましょう。失業保険の支給額や期間は現役時代の働き方によって違います。自分の支給金額と期間を知れば、給付期間はじっくり仕事探しに使うとか、「スターティングノート」で新しい人生のプランを練るとか、スキルアップの講

習を受けるとか、計画的に動くことができます。その間に、希望の仕事を紹介されることがあれば、それはそれでラッキーです。

意外なのは、定年退職後の再雇用期間中でも失業保険がもらえることです。週20時間以上働く場合は引き続き雇用保険に加入する義務があり、「失業」ではないのですが、20時間未満であれば失業状態と認定されます。**仕事をしながら職探しができる**ことになります。

２０１７年からは「雇用保険の適用拡大」で、65歳を過ぎてから退職した場合でも、６か月以上雇用保険に加入していれば、失業手当（高年齢求職者給付金）を受給できるようになりました。雇用保険に1年未満加入していた人は30日分、１年以上加入していた場合は50日分受け取ることができます。支給額は１日の給与の5割から8割。この失業保険受給で年金が減ることはありません。

失業保険の仕組みは条件がいろいろあって複雑です。ハローワークで自分の状況を説明して、相談することをおすすめします。

働くと年金が減る！

シニア世代に働くように促しているにもかかわらず、やる気を阻害する要因になっている制度もあります。それが「**在職老齢年金制度**」です。収入に応じて年金が減るので、無理をして働くことはないという気持ちになる人もいるようです。実際、この制度がなければ14万人ほどの高齢者がフルタイムで働くのではないかと言われています（内閣府分析）。

「在職老齢年金」とは、60歳以上で老齢厚生年金を受け取っている人が就職して、会社や団体の厚生年金保険に加入した場合、給与の平均月額と年金の合計額が一定の基準を超えると年金減額や支給停止になる制度です。

60歳から65歳までと65歳以上では計算方法が異なり、給与額が①65歳未満では28万円、②65歳以上では47万円を超えると減額されます。

支給停止となるのは厚生年金だけで、国民年金（老齢基礎年金）は対象となりません。また、経営者や会社役員などで、雇用保険に加入していない人は、給付金を受け取ることはできません。

日本年金機構サイトの在職老齢年金のページには条件や計算方法が詳しく載っています。これから60歳からの再雇用や再就職を考えている人は、チェックしてみてください。

いずれにせよ、年金が減る制度があることは面白いことではありません。当然、減額にならないように働く時間をセーブし、基準に達しないようにする人がいます。また、再雇用や再就職した人たちに聞いたところでは、現在の給与は現役時代の3分の1程度という人が多数でした。会社は年金が減らない範囲にしていると説明をすることがあるようです。働くシニアのためと言いながら、実は一律に低く抑えるための口実に使うこともあるかもしれません。ただし、もちろん働いて納めた年金保険料はその後の年金支給額に反映されます。

働く意欲をそぐということで、「在職老齢年金」に関しては、政府も重い腰を上げようとしています。最近の報道によれば、65歳以上の減額基準を現行の47万円から50万円台に引き上げる検討に入ったとのことです。これに合わせて60〜64歳の基準も変更され、2020年の国会に関連法案が提出されるようです。しかし、この制度の廃止は考えていないようです。

年金の減額を気にしなくていい働き方もあります。厚生年金保険に加入しないフリーランスや自営業の人はいくら稼いでも年金が減ることはありません。そこで、自身の経験やスキルを基にして、企業と業務委託契約を交わして働くという方法があります。その働き方は個人事業主とフリーランスの項で説明します。

再雇用で大幅に給与が下がったら

定年後に再雇用されて、60歳時の賃金と比較して給与が大幅に下がった場合は、雇用保険の被保険者であれば受給できる「**高年齢雇用継続給付制度**」があります。60歳以上65歳未満の人の毎月の賃金が、①60歳時点の61%以下になった場合は、各月の賃金の15%相当額、②60歳時点の賃金の61%超75%未満に低下した場合は、その低下率に応じて、各月の賃金の15%相当額未満の額が支給されます。

例えば①の場合、60歳時点の賃金が月額40万円で、60歳以後の賃金が20万円の場合は、元の給与の50%（61%以下）なので、支給額は20万円×15%＝3万円となります。ただし、賃金が35万9899円を超える場合は支給されません。支給期間は60歳に達した月から65歳に達する月までです。

受給資格の確認や手続きは「事業主（会社）」を通して行うことになっているので、就職した会社からアドバイスがあるかもしれません。また手続きが煩雑なので、詳しいことは会社やハローワークに相談するようにしてください。

2. どんな働き方があるのか

シニア世代の働き方は多彩

「働き方改革関連法」が成立し、残業の規制、同一労働同一賃金、テレワーク利用による在宅勤務、高所得の専門職を労働時間の規制から外す高度プロフェッショナル制度、副業の解禁など、今までの日本人の働き方の常識が大きく変わろうとしています。今後、企業には雇用延長だけでなく、定年退職者が別の会社や仕事に移って活躍できるような支援、起業を促す支援が求められます。

働き方改革の恩恵を最も受けるのは現役世代ですが、シニア世代も無縁ではありません。ＡＩの活用で単純労働は減少し、体力では劣ってはいても能力や技術力の高いシニア世代なら再評価される可能性があります。本当の能力・実力主義が始まるかもしれないのです。

しかし、シニアにはシニアらしい働き方があります。**「雇われない働き方」や「働かない」という選択肢も選べる**のです。「働かない」ことが、なぜ「働く」ことの選択肢なのかと不思議に思うかもしれませんが、リタイア後の活動は自由に発展し絡み合い、多彩な生き方を生み出します。

次頁の図はそれを表した「定年後の働き方チャート」です。これに沿って説明していきます。リタイアのきっかけは定年退職だけでなく、早期退職も珍しくありません。早期退職して早めに新たな道を見つける人も増えています。セカンドライフに入る最初の分かれ道は60歳前から始まっているのです。

どちらの道を選ぶかを決めるにはまず、判断材料が必要です。すでに説明しましたが、一つ目は**生活資金**の問題で、これによって働き方は異なります。次に大

「定年後の働き方チャート」

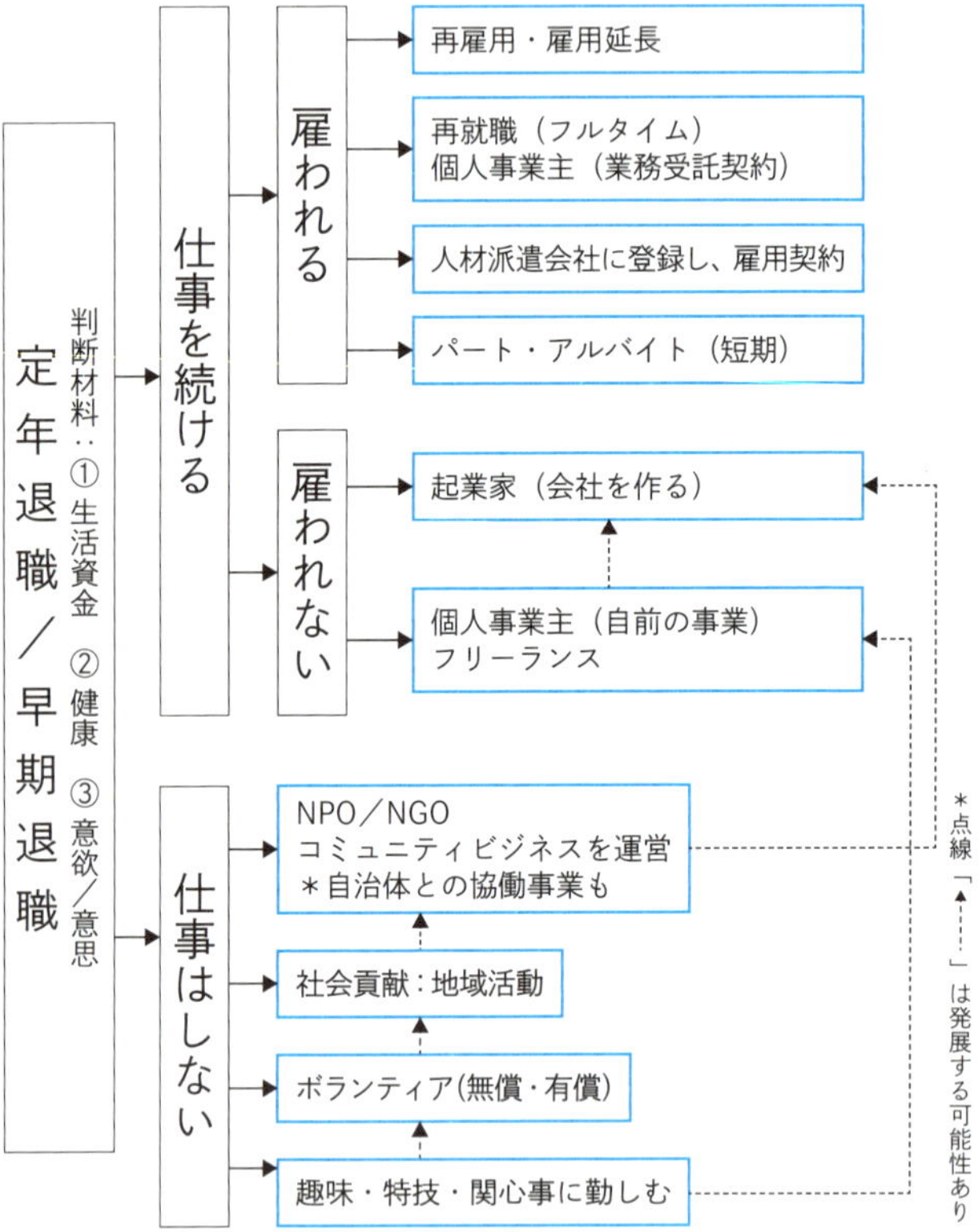

事なのは**健康**。いくら働きたくても、健康状態に不安がある人を好んで雇う企業はありません。3番目は**意欲・意思**。これからの人生をどう生きていきたいかという自分自身の決断です。

「仕事を続ける」を選んだ場合は、さらに「雇われる」または「雇われない」のどちらかを選びます。仕事をすることは就職することだと思っている人は多いのですが、実は「雇われない」にもたくさんの可能性があることは、後から説明します。

最初に「雇われる」ですが、これから定年を迎える人は、今の会社に制度があれば、「再雇用・雇用延長」を選べます。当面は安泰です。政府は再雇用年齢を70歳に引き上げようとしていますので、将来は5年以上働けるかもしれません。

厚生労働省が18年6月に集計した「高年齢者の雇用状況」によると、全国15万6989社のうち66歳以上を雇用する企業は27・6%に達しています。しかし、再雇用は無限ではないということも事実です。

65歳を超えてしまった人や再雇用を選ばない人は、ハローワークや知り合いのツテなどを利用して再就職したり、人材派遣会社に登録して派遣で働くという道があります。**定年後の再就職では派遣社員という労働形態を選ぶほうが有利**だとする説があります。派遣社員には年齢制限がないからです。

また、労働契約法で、企業には5年以上継続して働いている派遣社員を雇用する義務があります。であれば、60歳から65歳まで、あるいは65歳から70歳までを派遣社員として1つの職場で働き続け、雇用するように求めることができるかもしれません。しかし、65歳定年の会社で正社員になれるかというと疑問です。

65歳以上の再就職は厳しいものがありますが、人材不足もあって、スキルや経験のある即戦力としてのシニアを求める企業も増えてきました。そうした情報をキャッチできるように、常にアンテナを磨いておきましょう。いつ、どこにチャンスが転がっているかわかりません。

今までのように時間を拘束されるような働き方はしたくない、適度に働いて、まずまずの収入を得て、自分や家族のための時間を作りたいという人はパートやアルバイトが適しています。

アルバイトやパートはもともと短時間での勤務が多いのですが、さらに短い日数や勤務時間で採用する企業も増えています。例えば、お店のピーク時間や夜間などに2・3時間、週2日だけ働いたりと、今まで一人の従業員がフルタイムでこなしていた仕事を何人かで分け合うような働き方です。働く側はスキマ時間を有効に使え、企業は人手不足を解消できて、社員の負担を軽減できるのでどちらにも好都合です。

この働き方は「**ワークシェアリング**」や「**プチ勤務**」と言われ、子育て中の主婦やシニア世代の利用が期待されています。コンビニやファストフードなどの飲食・サービス業は慢性的に人手不足なので、60代なら問題なく、70代でも健康に問題がなければ雇ってもらえる可能性があります。近所の商店街の飲食店やショップなども人手不足なので穴場かもしれません。

仕事はしないが、仕事になる？

仕事は続けるが「雇われない」という選択肢もあります。一度は自分のアイデアで事業を興したい、スキルや経験を生かして自由に仕事をしていきたいという人たちです。

チャートでは、会社を作って本格的な事業を興したい人を「起業家」、スキルや経験を活かして自由に仕事をしたい人を「個人自業主、フリーランス」に分類しました。まず個人事業主として始めて、軌道に乗ったところで法人化することもできます。

起業というと、大きな事業を想定して自分には無理と考えがちですが、自宅をオフィスにしてコンサルタントや相談事業を始めたり、夫婦でカフェを開くなど、**いわゆるSOHO（Small Office / Home Office）という形の身の丈事業もりっぱな起業**です。

個人事業主とフリーランスは何をしても、どこと仕事をしても自由なので、余力とスキルがあれば、いくつも仕事を請け負うことができます。どれが本業で、どれが副業という区別もありません。こうした働き方を「**パラレルキャリア**」と言います。

今後はインターネットを利用した在宅での働き方が普及します。ネット上の仲介サービスを通じて単発の仕事を依頼したり、請け負ったりする働き方はクラウドソーシングという形態ですが、昨今は「**クラウドワーク**」とか「**ギグ・エコノミー**」と呼ばれることがあります。このような働き方もシニアには好都合です。

リタイア世代に特徴的な選択肢は「仕事はしない」です。もう仕事人生は終わった、これからは好きなことをやると趣味や関心ごとに向き合い始め、楽しんでいる人たちがいます。それは遊びだろう、趣味だろうと、ばかにしてはいけません。趣味も極め得れば仕事になる可能性があるのです。

音楽好きが趣味のウクレレ教室を開いたとか、現役時代に腕を上げたゴルフで個人レッスンのコーチになったとか、歴史好きが高じて地元のカルチャー講座で講師を務めるようになったという話は枚挙にいとまがありません。収入は多くないかもしれませんが、本人の満足度は高いでしょう。

趣味や特技を生かし、地域社会でボランティアを始める人もいます。ボランティアといえば無償の奉仕活動という認識がまだ一般的ですが、最近は**有償ボランティア**にシフトしつつあります。交通費、材料費、謝礼などとして運営資金を稼ぎ、担当した人には担当費として還元します。担当者のモチベーションが上がり、活動が継続しやすくなります。ただ、市民活動は無償ボランティアだという意識から抜け出せず、こうした取り組みを理解できない人々がいることも事実です。

市民活動をさらに発展させたいとＮＰＯ法人やＮＧＯ法人として組織化する人たちもいます。どちらの法人も活動するには資金が必要で、無償では成り立ちません。そこで、地域に役立つことで活動して収入を得る「**コミュニティビジネス**」を手掛けるようになります。これも起業の一種といえます。趣味や特技による奉仕、ボランティアなどの社会貢献活動であっても、起業に発展する可能性があるということです。

リタイア後の活動では仕事と趣味の区別はあまり意味がありません。「仕事をする」をどこかの会社に雇われて、毎月決まった給料をもらうこととしか捉えていないと、セカンドライフの生き方は限定され、つまらないものになってしまいます。現役時代の仕事とはまったく違った概念だと理解して、自由な気持ちで可能性を探ってみてはどうでしょうか。

それぞれの詳しい内容はこの後、順次、説明していきます。

3．どこでどのように見つけるか

3-① ハローワークはこう活用する

55歳以上は「生涯現役支援窓口」

仕事を見つけるといえば、最初に思い浮かぶのは、なんといってもハローワーク（公共職業安定所）です。ただし、新卒で入社し、一度も転職をしたことがなく、定年後もそのまま再就職の道を選んだ人には縁のなかった場所でしょう。求人票を見に行くところ、失業保険をもらいに行くところ程度の認識かもしれません。

ハローワークは厚生労働省の方針を受け、都道府県労働局が地域の雇用対策を行うための窓口です。47都道府県にくまなくあり、全国5数10か所の相談所が設置されています。ホームページを見ると、新卒応援・わかものハローワーク、子育て中の女性を対象としたマザーズハローワークやマザーズコーナー、Ｉ・Ｕターン用のふるさとハローワーク、外国人専用のセンターが、「専門相談ハローワーク」の専門窓口として設置されています。

ところが、高年齢者専用ハローワークの表記はありません。これは、年齢を限った職業紹介が原則禁止されているためです。しかし、２０１６年に国家戦略特区に指定された北九州市が、全国で初めて中高年向けのシニア・ハローワークを開設しました。２０１８年には、全国の主要ハローワーク１８０か所に55歳以上を対象とした「**生涯現役支援窓口**」が設置され、今では特に65歳以上の再就職支援に力を入れています。

政府は２０２０年までに、このシニア専用窓口を約２００か所に拡大する方針を決めました。平成31年１月発表の「公共職業安定所（ハローワーク）の主な取組と実績」によれば、平成29年度の65歳以上の新規求職者は49・6万人、そのうち就職した人は10・1万人です。約20％の達成率と、正直いって物足りない数字ではあります。

しかし、通常の窓口でのシニアの就職率が平均17％程度だったのに比べ、専用窓口では61％と高い割合を達成していることで、シニア専門相談所への期待は高まっています。仕事にこだわりのある人、事務系の仕事を希望する人には難しい状況が続いていますが、キャリアチェンジができた人には足を運びやすくなっているようです。「生涯現役支援窓口」が設置されているハローワークはネットで検索することができます。

求職者にとっての関心事は、どんな仕事があるのか、自分に適した仕事はあるのかということです。全国の求人情報はハローワークに直接足を運ばなくても、「**ハローワークインターネットサービス**」サイトで見ることができます。求職登録した人ばかりでなく、誰でもどこからでも検索が可能です。

試しに、仕事のジャンルは問わず、フルタイム、場所は東京都、年齢は65歳という条件で検索してみました。あえて年齢不問の条件は避けました。そのように書いてあっても、実際は年齢で判断されることが多いので、はじめからシニアでも応募可能という求人をピックアップしたほうがいいと思ったからです。結果は、見事なほどに警備、清掃業務、駐車監視員、施設管理者という職種が並びました。

ハローワークの求人状況は60歳定年前後で大きく違ってきます。 65歳以上になると、ネットの結果からもわかるように、清掃作業員、警備員、介護施設などの求人が圧倒的。残念なことですが、希望の多い事務職、専門職、経営管理職などはほとんどありません。

ハローワークに何度も通った結果、希望の職を探しても見つからず、諦めた人や雇用保険をもらいきってしまった人が、人手不足に悩んでシニア採用を積極的に行う運輸、警備、建設に向かう例が多いと聞きました。さらに、ハローワークの担当者は、資格を保有していたり、キャリアのある人には民間の転職・求人サイトへの登録をすすめているそうです。

再雇用の広がりで64歳までの雇用は70%を超えています。問題は65歳以上。**働きたいのに働けない65歳以上の就労を掘り起こすためには、ハローワークの中に、企業に対して高齢者向けの求人を積極的に働きかけ、シニアの新しい仕事を開拓する部門が必要**です。ハローワーク自身がそうした部門を設け、民間で培った営業力と企画力のあるシニア人材を採用すれば、自らシニアの就労機会を広げる役割を果たせるのではないでしょうか。

政府は高齢者の就職促進策として、65歳以上でも雇用保険に加入できるとか、65歳以上の人を雇用した企業に特別奨励金を出すとか、65歳以上への定年引き上げを行った企業に助成金を出すなどの政策を行っています。前項で紹介した60歳以降の賃金が60歳時点の61%以下に下がった時に支給する「高年齢雇用継続給付」も促進策の一つです。今後は、金銭面での支援だけでなく、シニアが持っている能力を活用できる職場を作り出すことを企業に指導するような政策を立ててほしいと思います。

無料でキャリアコンサルタントを活用しよう

ところで、ハローワークの活用ですが、求人情報を調べに行くだけではあまり意味がありません。お叱りを覚悟でいえば、多くの人が希望するような求人はほとんどないからです。

しかし、活用したい機能もあります。その一つが**キャリアコンサルタントの指導**です。ハローワークでは求職登録をすれば無料で受けられます。

キャリアコンサルタントは求職者が今まで仕事で培った職業経験の棚卸をサポートしたり、自分の強みを理解して積極的に求職活動に臨めるようなアドバイスをします。また、履歴書、職務経歴書の書き方、面接の受け方、求職活動の方法、求人検索の支援なども行います。転職経験のない退職者や久しぶりの就職活動という人には大変助かるサポートです。求職登録をしたら、キャリアコンサルタントの指導を受けたいと申し出ましょう。

さらに、ハローワークは「公共職業訓練」「求職者支援訓練」などの情報提供や受講斡旋を行っています。主催は国や地方自治体ですが、ほとんどはハローワークを経由して申し込むことになっています。**ハローワークの機能は、求人情報の提供だけでない**ことを知って、積極的に活用したいものです。

各地のハローワークには、ＩＴスキルや地域の実情に応じた独自のセミナー、60代以上の求職者と採用に意欲のある企業の面接会などを開催し、成果を挙げているところもあります。

例えば、茨城県では、条件が合えば65歳以上でも面接選考することを約束した企業と、60~70代の求職者が参加する面接会を開催しました。その場で複数名の採用が決まったそうです。この面接会は今後も続けていくとのこと。また、ハローワーク大分はシニア世代の求職者向けに企業見学バスツアーを開催し、企業とのマッチングを図っています。

ハローワークが積極的に動けば、シニアの就労機会は広がります。ハローワークの役割の強化とさらなる積極的かつ具体的な就労支援を期待します。

ジョブカードはシニアにも必要か

「シニアの求職にもジョブカードは有効ですか」という質問を受けることがあ

ります。ジョブカードは厚生労働省が推奨する制度で、文部科学省、経済産業省と連携して進めようとしているキャリアプランニングツールです。

これまでに身に付けてきたスキルや経験の整理をし、どの能力を伸ばしていくか、どの弱みを改善していけばいいのか、何を意識して働いてきたかなどを定められた様式のシートに記入して「見える化」し、生涯を通じたキャリアプランを考えるためのものです。求職やキャリアコンサルティングなどの際には、それをもとにアドバイスを受けたり、書き加えたりして利用します。職業訓練の受講や就職活動における応募書類にも利用できます。

ジョブカード制度はもともと「職業能力の形成機会に恵まれない人」に対する支援策として作られましたが、現在は職業能力証明のツールとして、広く求職者・在職者・学生なども対象としており、本来は現役時代から取り組むものという位置づけです。

作成はキャリアプラン（職業生活設計）、職務経歴（職業経験の棚卸）、職業能力証明（免許・資格）などのシートに記入する方式で行います。これらのシートは各地のハローワークで入手でき、ジョブカードのサイトからダウンロードすることもできます。中高年層の記入例も掲載されていますので、参考にしてください。

さて、シニア世代にとってジョブカード作成は効果があるのでしょうか。第2章で「スターティングノート」の提案をしましたが、ジョブカードも同様に、再就職を希望する人にとっては、自身のスキルや経験をきちんとまとめ上げるという意味では効果的です。また、キャリアコンサルタントなどに相談する場合、相談がスムーズに行えます。

しかし、**ジョブカードを書くこと自体が就職に有利なわけではなく、これ自体が何かを証明するものでもありません。**自分にとって必要かどうか判断して取り組んでください。

3-② シルバー人材センターが派遣業を始めた

主な目的は生きがいや健康づくり

シニア世代に仕事を提供する公的機関としては、もうひとつ「**シルバー人材センター**」があります（正しくは、国や自治体から運営費が補助されている準公的機関）。

しかし、定年退職したばかりとか、再就職を終えたばかりの人に聞くと、名称は知っているが、具体的な内容はほとんど知らない、あまり馴染みがないといいます。次のターゲットとなる世代への告知不足は否めません。

それに、ハローワークとシルバー人材センターは何が違うのでしょうか。シルバー人材センターの活動はボランティアではなく報酬を伴うものですが、ハローワークのように生活資金を得るための就労紹介ではありません。センターの趣旨として「高齢者の生きがいと健康づくり」、「高齢者の生活安定」の二つが掲げられていますが、**主な目的は生きがいや健康づくりのほうにあります**。また、高齢者に社会貢献や地域の仲間づくりの場を提供するという福祉的な目的も含まれています。

現在、全国に約1300の組織があり、71万人の会員がいます。設置件数でいえば、はるかにハローワークを上回っていますが、登録会員の平均年齢は70歳代と高齢化。再雇用などで65歳まで働けるようになったこともあり、60代前半の会員は少なく、70代、80代の会員がほとんどのようです。まさに、シルバー世代の集合体です。

シルバー人材センターは1975（昭和50）年頃、生きがい就労を軸とした短期的な軽作業を請け負うことから始まり、その後、会員に求人を斡旋する無料職業紹介が可能になりました。シルバー人材センターで紹介される仕事といえば、植木の水やりや剪定、庭の草取りと掃除、駐車場の管理などの比較的単純な仕事が真っ先に頭に浮かびます。

したがって、**本格的に就労できるような仕事はほとんどないというのが現状**です。私の知り合いは登録しても、週20時間、月10日までというルールがあり、継続して仕事ができないことが不満だったと語っていました。公平性を保つためのようです。

会員が受け取る収入の平均月額は3～4万円ほどです。生活がかかっていなくて、何か活動がしたい、いくつになっても社会とかかわっていたい、きつい仕事はしたくないという人にとっては最適な環境ではないかと思います。

ただ、最近は状況が変わってきました。高齢者の就労ニーズが多様になり、本格的に働きたいシニア世代に対応する必要があるとの議論が起こったのです。

2004年の法改正でシルバー派遣事業ができるようになり、無料職業紹介は2012年に有料職業紹介に変わりました。さらに、2016年には登録者は週40時間まで働くことが可能となりました。

今では、地域によっては人手不足の小規模企業のお助け寺になっています。新聞によれば、センターの派遣業務は急速に伸びており、派遣の金額は18年度には362億円と5年前の約5倍です。地域の中小企業にすれば、短期で臨時に働ける労働力を供給してくれるセンターはとても助かる存在なのです。

センターを活用して就業の機会を広げようとする試みも生まれています。報道によれば、千葉県柏市のセンターでは、専門の「ジョブコーディネーター」を配置して高齢者が働ける派遣業務などを開拓し、登録会員の高齢者を積極的に結び付ける活動を開始しました。

埼玉県はシルバー人材センターを通じて、経理などの事務系の職場や営業職、介護施設、保育所、スーパーで働けるようにするため「シルバー・ワークステーション」を開設しました。全国シルバー人材センター事業協会は全国古民家再生協会と連携して、地域の空き家に関する調査業務に当たる鑑定士を育成する事業を展開しています。

シルバー人材センターとハローワークとのすみ分け

しかし、テレビの番組で、センターの女性担当者が「うちは人足手配所ではない」と半ばうんざりとした表情で語るのを見たことがあります。**本来の目的である高齢者の生きがいと健康づくりと、就労との部分に矛盾が生まれつつある**のかもしれません。

それでは、シルバー人材センターは今後どこに向かうのでしょうか。すでにハハローワークではシニアの就労窓口を設置して力を注ぎ、民間の派遣業者もシニア派遣に力を入れています。同じような就労支援事業を展開すれば、競合する部分が多いと思われます。

社会保障が十分でない場合、75歳以上であっても、80歳を越して体力が衰えても、働かなければならない人がいます。それならば、健康で働く意欲が高い比較的若いシニア世代はハローワークでの就労や民間の派遣を利用する、そして、**さらに高齢になり体力や健康に不安が生じた人たちはシルバー人材センターに登録して、軽作業の仕事などでゆるやかに働く。**このようなすみわけが必要な気がします。

高齢になっても働けることは貧困化防止策、生活保護受給者を減らすことにつながります。引きこもりになることなく、社会との接点を維持できます。これからの高齢者の就労問題を考える際に、シルバー人材センターの存在意義と組織や体制のあり方を問い直すことは重要なことです。

さらに、センターには高齢者が働き続けるのに充分な安全対策や予防策を講じる役割も果たしてほしいと思います。

ちなみに、最近のニュースによれば、奈良の介護施設では介護度が低い希望者に企業などから受託した袋詰めなどの軽作業を提供するサービスを開始しました。入居者は月に数万円を稼げるそうです。シルバー人材センターと同じ役割を施設が果たしているのです。

3-③ 国や自治体の就労支援策を見逃すな！

国がすすめる登録制度とマッチング事業

国や自治体も様々な企画を立てて、シニアの就労を促すための取り組みを行っています。

厚生労働省は「産業雇用安定センター」に「**キャリア人材バンク**」を設けました。60歳以上の在職者で雇用期間の満了後に再就職を希望する人がキャリア、能力、希望する業種などの情報を登録します。センターは66歳以降のシニア世代の採用に関心を持つ企業を探し出し、企業は登録したリストから人材を選ぶというマッチングシステムです。現在のところ、利用は原則として在職中の事業主経由で行います。

しかし、利用経験者の話では、65歳以上の就業はやはり難しいと感じたそうです。どうしても年齢で敬遠されてしまうのでしょう。であれば、求職者が自分の経験や能力をアピールして、年齢ではなくスキルで選んでもらう「逆ハローワーク」のような仕組みは考えられないものでしょうか。行政にも今までの形にとらわれない発想がほしいところです。

経済産業省関東経済産業局が実施している「**マネジメントメンター登録制度**」は、退職した人や退職予定の人が登録し、中小企業などへの指導やアドバイスを行うプログラムです。登録条件は、50歳以上で、中小企業の特性を十分に理解し、1つの専門分野で通算してほぼ10年程度の経験があり、実務支援能力が十分に発揮できる人などとなっています。登録すると「新現役交流会」に参加して、企業との個別面談会の機会を持つことができます。

ただし、雇用されるのではなく、企業との業務委託契約・業務請負契約を結んで働くことになります。登録申請書などは「マネジメントメンター登録制度」サイトでダウンロードでき、電子メールでの応募も可能です。

中国経済産業局も中国地方5県（鳥取・島根・岡山・広島・山口）で、中小企業・小規模事業者向けの「**高度専門中核人材シニアマッチング**」事業に取り組んでいます。「中核人材」とはハローワークなどで使う用語で、〝定年後に有効な資格とスキルを持って、社内ポジションと高収入を希望する人〟のことです。他の地域の経済産業局でも同様の動きがあります。国の機関は近寄りがたい感じですが、チャンスに変わりはありません。調べてみる価値はあります。

地域での勤労を期待する自治体の支援策

自治体の場合はハローワークと連携し、地域の高齢者が人材不足の地域企業の戦力となることで、地域経済の活性化に貢献してもらうことを目的とした支援を行っています。高齢者の就業支援は地域社会の維持運営、財政に絡む重要な課題なのです。

身近な場所に関心を持つことで、就業の可能性は広がります。各家庭に配布される県報、市報、区報、町報、ホームページなどには自治体の取り組みや支援イベントの告知が掲載されるので、普段から注意を払っておきましょう。

自治体の中でも特徴的な取り組みをピックアップしてみます。東京都は飯田橋にある「**東京しごとセンター**」に55歳以上のシニアコーナーを設置しています。東京しごとセンターは多摩（国分寺）にもあり、同様にシニア世代の就職支援を行っています。ハローワークと連携した求人票の提供と職業紹介が主な支援ですが、都内各地で開催される「定年退職後の働き方を考える」「シニアの再就職の考え方」「履歴書や職務経歴書の書き方」といったセミナー情報が充実しています。セミナーは頻繁に開催され、登録すれば受講することができます。

独自のプログラムとして、14日間の就職前準備講習を行う「**55歳以上の方のための就職支援講習**」があります。これは、この講習修了後、協働関係団体加盟の企業に就職することを目的としており、講習最終日には「合同面接会」が開催されます。ここで就職先が決まることもあるようです。

65歳以上を雇いたい企業の見学や体験を行い、求人票ではわからない仕事の詳細や職場の雰囲気を知って、応募するかどうかを決める「**しごとチャレンジ65**」、大手や中堅企業での豊富な経験と能力を持ったシニア層が中小企業への再就職を目指す13日間の講座「**シニア中小企業サポート人材プログラム**」もあります。修了者の就職達成状況と感想がウェブサイトに掲載されているので、参考にしてください。

上記とは別に、都内12か所にある「**アクティブシニア就業支援センター**」では年間2000人以上のシニア世代に就職を斡旋しているそうです。センター以外でも開催してほしいという要望を受けて都内をまわる「**シニア就業支援キャラバン**」を行っています。開催場所と予定は「TOKYOはたらくネット」サイトで確認できます。

東京都に関してはぜひ紹介しておきたいプログラムがあります。一つは2章で紹介した、セカンドライフの人生設計と働き方に重きをおく**「東京セカンドキャリア塾」**。二つ目は就労支援をメインにした**「東京キャリア・トライアル65」**です。すぐに仕事を見つけたい人は「東京キャリア・トライアル65」をおすすめします。協力企業で1週間から2か月間のお試し就業（有給）をして、就労に結び付けることができます。これらの事業は2019年度も継続しています。

神奈川県大和市は**「70歳代を高齢者と言わない都市 やまと」宣言**をしました。日本老年学会なども高齢者の定義を65歳から75歳以上に見直すように提案しています。65歳以上を労働力と位置付けて就労支援をしている一方で、高齢者とひとくくりにするのはおかしなこと。東京都も宣言を出してはどうかと思います。

埼玉県もシニアの就労支援に熱心です。全国有数のサラリーマン県であり、「埼玉都民」と呼ばれた人たちが多数定年を迎えています。そこで、**「働くシニア応**

援サイト」を作り、元気に働く高齢者、働きやすい職場環境づくりに取り組む企業などの情報を発信しています。また、定年や継続雇用制度を見直す企業を生涯現役実践企業に認定して、「70歳雇用推進助成金」を支給するなどの支援をしています。

シニアの就職支援はどこの自治体でも積極的に展開する傾向にあります。ただ、自治体は手段が限られていて、せっかく企画したプログラムがなかなか市民に伝わらず苦戦しています。自分から探しに行くという姿勢も必要です。

自治体とコンビニの協力

自治体と企業の協力関係も始まっています。代表的なのがコンビニエンスストアとの提携。各地の自治体がコンビニと共同でシニア世代を対象に、コンビニでの就労を促すセミナーを開催しています。内容はシニアへの期待、仕事の説明、レジ打ち体験、個別相談会など。東京都では中野区、練馬区、足立区などで、地方では静岡市や福岡県、徳島県美馬市などがセブン-イレブン・ジャパンと組んでいます。また、ローソンは横浜市や千葉県船橋市、ファミリーマートは京都府などとの協力例があります。

自治体は、子育て・高齢者支援・見守り・防災・地域活性化などに関して、コンビニと協定を結ぶ例が増えています。従来は特定の企業との協力関係をためらう自治体もありましたが、すでにまちのインフラとなっているコンビニとは、住民サービスの向上と地域の安全維持、高齢者の就労という利点があり、連携しやすいのです。

コンビニにとっても人手不足を解消できるまたとない機会です。東日本大震災を機に高齢者の利用が増えており、多様化する来店客に対応できるシニア店員が必要でもあります。店舗運営にシニア世代は欠かせない存在になっているのです。

ハローワーク
シルバー人材センター
国・自治体の就労支援
求人サイト
企業で働く
起業する
コミュニティビジネス

昨今は24時間営業の見直しや店舗の過重労働や負担などの問題が起き、少し停滞気味ですが、**コンビニ改革で働きやすくなれば、シニアの気軽な就労先としては決して悪くない場所**といえます。

自治体の高齢者支援も就労にシフトしています。福岡市は今まで健康増進や教養向上を目的に利用していた老人福祉センターをシニアの創業・就業支援の機能を盛り込んだ新たな施設に転換する計画を発表しました。東京都北区など多くの地域でも同様の計画がなされています。**高齢者の支援に関しては福祉的な要素だけでなく、就業も重要なテーマ**となっているのです。

3-④ 民間の求人に分あり

求人サイトをチェックしてみる

この項では民間の取り組みと支援策を探ってみます。はっきりいって、仕事の種類と数、多様性はハローワークなどの公的機関よりもこちらのほうに分があります。チェックしてみて損はありません。ただし、業者の都合で、サービスの内容を変更することがあるので、しっかり確認してから動いてください。

まずトライすべきは求人・転職サイトです。「求人・求職、60代、シニア」などのワードで検索すると、たくさんの求人サイトが表示されます。本当に60代からの求人に力を入れているかどうかは、サイトの表面を眺めているだけではわかりませんが、求人数は多いので、希望に近い仕事に出会える可能性があります。

シニア世代の求人に力を入れていると思われる求人サイトをピックアップしてみました。登録しなくても条件を入れることで、ある程度の内容が検索できます。まずは傾向をみてください。よければ登録しましょう。

・シニア活用ドットコム：60歳以上のエキスパートやマネジメント層専門
・フルキャストシニアワークス：シニア層に特化した求人サイト
・パソナマスターズ人材サービス：50代・60代中心の求人サイト
・シニア求人ナビ：「シニア世代大歓迎！　50代、60代向け情報満載」と記載
・マイナビミドルシニア：40代から60代のための転職サイト
・シニアジョブ：50代、60代のシニア人材に特化した人材紹介サイト

ほかの求人サービスがシニアを扱っていないというわけではありませんが、タイトルなどを見て、可能性がありそうなところから探すほうが効率的です。

アルバイト・パートの場合はどこでもシニア歓迎です。その中でも、シニアに特化した紹介サービスを探してみました。

- グラン・ジョブ：60代以上歓迎のアルバイト・パートの求人情報
- タウンワーク「シニア応援」：定年後のシニア向け
- フロムエーナビ：シニア応援のアルバイト情報
- シフトワークス：60代以上、女性向けの職種が多いのが特徴

自分の事情に合わせて都合よく、効率的に働くための仕事マッチングサービスもありました。

・ロクマル：横浜のNPO法人。60代女性の調理チームを結成したことからスタート。60代をロクマル、50代をプレロクマルとネーミング

・3sportal（スリーエスポータル）：高齢者向けのスマホ教材を手掛ける会社が運営。個人⇕個人、個人⇕法人で、直接取引できるポータルサイト

・エリクラ：短時間（2分〜数時間）の仕事を自分の近所で探せるサービス。2019年4月時点の提供エリアは、東京都世田谷区、杉並区、渋谷区、狛江市、調布市、三鷹市、府中市、国分寺市、日野市、多摩市、小金井市、武蔵野市、神奈川県の平塚市、秦野市、埼玉県のさいたま市。順次、拡大予定

「派遣」に登録してみる

「派遣」という働き方もあります。派遣とは正社員やアルバイトのように、働く会社と直接雇用契約を結ぶのではなく、派遣会社と雇用契約を結んで、派遣会社の社員という形で企業に出向く働き方です。

実際の仕事に関する指示は企業から受けますが、勤務地や時間、給料に関する交渉は派遣会社と行い、給料は派遣会社から支給されます。派遣会社との雇用関係が成立するのは派遣先が決まってからです。

体験者にきいたところ、事前に労働条件や待遇を確認でき、勤務する会社とトラブルがあった場合の交渉も派遣会社がやってくれるので気が楽だったとのこと。**週に2・3日といった就業形態を選べるため、無理なく働きたいリタイア世代には好都合**といえます。いくつかの企業を掛け持ちで働く人もいるそうです。

最近、需要が多いのはコールセンターへの派遣で、シニア世代の経験からくる人との接し方や判断力が買われているとのことでした。

シニア派遣といえば有名なのが「**高齢社**」です。創業者の上田研二《うえだけんじ》氏は東京ガスの出身で、OBが働く場を作りたいとガス会社やガス機器メーカーの請負事業を始めました。

かなり前ですが、上田氏を取材したことがあります。パーキンソン病という難病を抱えながら、高齢者に「働く場」と「生きがい」を提供しようと営業に出向く献身的な姿が印象的でした。仕事を与えてもらうことを期待するだけでなく、シニアが自ら仕事の機会を作り出そうとする姿勢には頭が下がりました。同社は現在、一般的な派遣と請負業務を主な業務としています。

派遣会社の中には派遣スタッフとして一定期間就業した後、本人と派遣先企業双方が合意すれば、社員として働くことができる「**紹介予定派遣サービス**」を展開しているところもあります。派遣期間は最大で6か月、平均では3か月程度。働く側はその仕事が自分に合うかどうかを確かめられ、企業は人柄や勤務態度を判断することができるので、採用のミスマッチを減らすことができます。65歳以上は難しいかもしれませんが、可能性はあります。

「顧問サービス」で経験を生かす

上場企業などで役員、部長以上の管理職、専門職の経験あるシニアを中小企業やベンチャー企業などに顧問として派遣する「**顧問サービス**」も登場しています。専門知識や経験はもちろんですが、新規取引先の獲得に役立つ人脈がより重視されるようです。サービスとしては、「顧問名鑑」「プロフェッショナル人材バンク」「i-common」「パソナ顧問ネットワーク」「マイナビ顧問」などがあります。

登録している知人は、毎月10万円程度のコンサルを数社担当しているとのことでした。報酬は顧問サービス会社から支払われます。うまくすれば高収入も期待できそうですが、対価に見合ったスキルや情報を持っていることが条件です。

「スポットコンサル」でアドバイス

コンサルといえば、**スポットコンサル**という方法も登場しました。スポットコンサルとは、経営者、企業OB、各種専門家など、知識・情報、経験を持っている人が、個人や企業に1時間程度のアドバイスを行う仕組みです。代表的な事業としては「ビザスク」があります。

アドバイザーとして自分の専門分野を登録すると、企業などから依頼があった場合や該当する案件が出た場合にメールで連絡がきます。コンサル前のやりとりはサイト内で非公開メッセージで行われ、条件が合わなければ、受けなくても問題ありません。コンサルは約1時間ほどで、先方に出向いての面談、電話、パソコンを使ったTV会議などから選べます。コンサル料はビザスクから支払われます。短時間の割に報酬は悪くありません。

ビザスクの登録者の70％は現役世代とのことですが、大手企業をリタイアしたシニア層も増えています。自分が培ったスキルや経験を、次の世代に役立ててもらえるのはリタイア世代にとって何よりも嬉しいこと。ただし、現役時代の会社の機密事項の扱いなどに留意することは言うまでもないことです。

「縁故採用」は確実性が高い

なんとか人材を獲得したいという中堅・小規模企業などでは、ユニークなシニア人材獲得方法を取り入れるところが出てきました。新聞で知ったのは、福岡でネット通販のコンサルティングを手掛ける会社が始めた従業員の親を採用する「**親子採用**」。社員の平均年齢が30代と若いため、ネット通販の利用を幅広い年代に広げるには、親世代などベテランの目線や発想を取り入れることが重要と判断したそうです。希望者は社員に登用し、いずれは定年も撤廃する方針とか。また、自宅などで仕事ができるテレワークを取り入れて、介護などと両立できるようにする案も検討しています。シニア採用で仕事と介護の両立は今後、大事な視点です。

このような例はまだ珍しいのですが、**地方では能力のあるシニアであれば、喉から手が出るほど欲しい人材**だということではないでしょうか。そうであれば、シニア世代を歓迎してくれる地方企業に転身し、自分を生かすという道もあります。Uターン・Iターンを視野に入れた就職活動も考慮の余地がありそうです。

再就職先の探し方（性別）〈複数回答〉

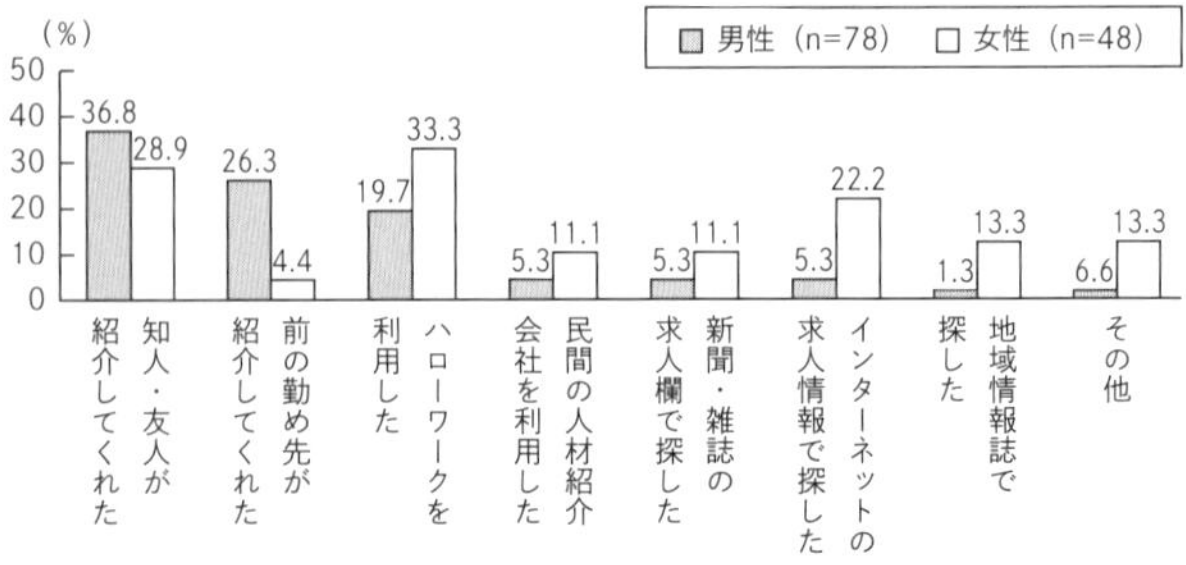

注：定年前後に再就職した60代対象

第一生命経済研究所 ライフデザイン研究本部「定年前後の再就職と継続就業のための準備」より

定年後の再就職先は、知り合いや知人の紹介で決まることが多いというデータもあります。いわゆる「縁故採用」です。福岡の「親子採用」もその一種といえます。

ユニークなところでは、同窓会を活用してシニアと企業の橋渡しをするサービスが始まりました。横浜国大関係者のＮＰＯが取り組んでいるもので、企業から求人要望があると、同窓会、クラブ・サークルＯＢ・ＯＧ会、退職者組織、企業の人事部、個人の人脈ネットワークなどを通じて、相応しいと思われる候補者を探しだします。２週間程度で人選して紹介するとか。仲間や友人との交流やコミュニケーションも有効な就職活動の手段になるようです。

4. シニア活用に積極的な企業とその理由

65歳までの就業は定着

常時雇用している従業員数が31人以上の15万6989社を対象とした「平成30年高年齢者の雇用状況」（厚生労働省）によれば、65歳までの再雇用（雇用延長）制度を導入している企業は15万6607社で99・8%。65歳まで働くことは当たり前の時代になりました。

政府が進める70歳までの就労をすでに始めている企業もあります。65歳定年を採用している企業は2万5217社（16・1%）、66歳以上で働ける制度のある企業は4万3259社（27・6%）、70歳以上では4万5515社（25・8%）となっていて、いずれも増加傾向です。しかし、定年制を廃止している企業は全体で4113社（2・6％）とぐっと減ります。内訳としては中小企業4032社（2・9％）、大企業は81社（0・5％）。こちらのほうは当面難しそうです。

ちなみに、調査対象企業の内訳は従業員31〜300人の「中小企業」が14万628社、301人以上の「大企業」が1万6361社となっており、大企業の割合は約10・4％です。これに31人以下の企業も含めると、日本企業全体での大企業の割合はわずか2％程度。この割合からも、中小企業や規模の小さい企業に活躍の場を求めたほうが確率は高いと言えます。

ここでは70歳まで働くことが可能な企業やシニア世代の採用に積極的な企業、その取り組みと背景を見ていくことにします。①再雇用の延長、②再雇用の待遇改善、③定年延長、④定年制の廃止、⑤60歳以上の採用という順番で進めます。

①取り組みやすいのは再雇用年齢の延長

再雇用制度を採っている企業にとって最も取り組みやすい方法は、それを維持しながら、年齢の延長や年齢制限を撤廃することです。定年延長や定年廃止よりは経営上の負担を軽減できるからです。

化粧品大手のファンケルは2017年、定年後65歳まで嘱託社員として働いていた社員を対象に「アクティブシニア社員制度」を導入しました。嘱託社員や契約社員、パート社員などの区分にかかわらず、元気とやる気が続く限り働くことができる制度で、勤務日数や時間は本人の希望で決定することができます。同社の社員の平均年齢は30代後半。シニア社員が長年培ったスキルやノウハウを若い世代に引き継ぐための対策でした。

しかし、それなら、なぜ定年延長や撤廃にしなかったのでしょうか。会社が、

60歳定年を維持したかったのは予想されるところですが、むしろシニア社員から「今までと同じようには働き続けることはできない」という意見が多かったからだそうです。確かに、年齢とともに体力や気力は変化します。**再雇用という緩やかな勤務体系で、自分にあった働き方をしたほうが長く働き続けることができると考えた**のでしょう。シニア社員の誰もが必ずしも定年延長・撤廃を望んでいるわけではないようです。

地銀などで先行していた70歳までの再雇用延長を、大手銀行で初めて決めたのはりそなホールディングスです。銀行は、バブル経済の崩壊などで90年代から採用を控えたため、40歳前後の人材が少ないという特有の事情があります。今、銀行は難しい状況にありますが、だからこそ、経験豊富なシニアの活用が欠かせない事情もあるようです。

ほかにも、次々と多くの企業が再雇用年齢を引き上げています。企業によって少しずつ制度は異なりますが、ファンケルのように、社員の希望に合わせた柔軟な体制づくりが望まれます。

②再雇用での待遇改善も

多様な働き方の実現と共に、気になるのは処遇です。給与が下がる、役職から外れる、評価制度がないなど、きちんと働きたい人にはあまり面白くない状況でモチベーションが下がっては、本人はもちろん企業にとってもいいことはありません。そこで、待遇を改善する動きが始まっています。

新聞などで大きく報道されたのはJR西日本です。2019年春闘での交渉の結果、60歳定年後に再雇用したシニア社員の給与を月額7万円上げることにしました。それにより、給与は現役社員の6割程度に上がったそうです。早朝、深夜の勤務手当など各種手当も上乗せされるとか。鉄道各社はベテラン社員が大量に定年退職し、安全や運行管理の質の低下が懸念されています。**技術継承の点からもベテランの力は欠かせない**のです。

味の素AGFは60～65歳再雇用社員の給与体系を見直し、賞与にも成果を反映させるとし、週休3日制も導入しました。逆に、勤務成績が振るわない場合は減額などの対象になります。**優遇されている分、現役社員よりも厳しく見られているということも肝に銘じておくべき**でしょう。

厚生労働省はシニア社員を対象に成果重視の賃金制度を導入する企業に補助金を出しています。人手不足が深刻な中小企業こそ活用してほしいと思います。

③　65歳以上に定年延長した企業

厚生労働省の調査では、定年を65歳以上に引き上げた企業は2017年に約18％に達しています。業種別の割合では、宿泊・飲食サービス業が約30％で最も多く、運輸や建設、医療・福祉などの業種も20％を超えています。いずれも人手不足が深刻な業界です。再就職の仕事探しは人手不足の業種・業界を選び、さらに、その中で関心のある職種を探すという手もあるのではないでしょうか。

大和ハウス工業は2015年から、**一定の条件をクリアすれば何歳までも働き続けられる「アクティブ・エイジング制度」**を導入しました。同社は2013年にすでに定年を65歳に引き上げていて、60歳の役職定年後はシニアメンター、シニアエキスパート、シニアスタッフなどとして働くことになっています。基本給は変更なしで、給与水準は役職定年前の7～8割程度。ここまでが社員の位置づけです。

65歳からは嘱託として、年齢上限なしで再雇用されます。採用の条件は査定が標準以上、事業所長や部門長からの推薦で担当役員が認め、健康状態が良好な人。週4日勤務で給与は月20万円。業績や評価に応じたボーナスも出るそうです。なかなか好条件のような気がしますが、査定が悪ければ採用されないのでしょう。1年ごとの更新条件は一般の再雇用と同じです。

リース事業のオリックスには、定年の選択肢が三つあります。一つは65歳までの定年延長、二つ目は60歳でいったん退職金をもらって嘱託などの形で働く再雇用、三つ目は早期退職です。定年延長を選んだ社員は役職なしで週5日のフルタイム勤務となります。全国転勤の可能性もあり、給与は59歳までの50～60%程度。兼業禁止で、退職金は65歳まで支払われません。かたや、再雇用組はフルタイムで働く必要はなく、兼業も可能。そして、勤続10年以上の45～60歳の早期退職希望者には退職金を追加支給します。どれがいいかは、セカンドライフのプラン次第というところです。

この2社の例を見てもわかるように、**定年延長といっても、それまでと同じように働けるわけではありません。**思案のしどころです。

ＩＴ業界も役職定年や定年の仕組みを見直して、シニアを積極的に活用する取り組みを始めています。経済産業省の「ＩＴ人材の最新動向と将来推計に関する調査結果」によると、ＩＴ人材は２０１９年の約92万人がピーク。今後は減っていきます。そのためにもシニア人材の再活用が重要なのです。定年で高い専門性を身に付けたベテランが一度にいなくなるのは困るので、65歳まで年齢を細かく区切って選べる選択式定年制を導入するところもあります。

④ 定年制の廃止

中小企業では2・9%、大企業ではわずか0・5%しか取り入れていない定年制の廃止。今までの例は大企業が多かったのですが、この制度を思い切って取り入れているのは、やはり中小・中堅企業です。

工作機械メーカーの西島（愛知県）は1924年の創業時から定年制を設けていません。ベテラン社員がもうすぐ定年だからと、自分にブレーキをかけてしまうからとか。確かに、そうした傾向は多くの職場で目にすることができます。社員のモチベーション維持は重要な課題です。

オーガニック化粧品を製造・販売するラッシュジャパン（神奈川県）は65歳までの定年制を廃止し、上司が部下から人事評価を受ける仕組みを採り入れました。部下からの評価で、高齢社員が自分の衰えなどに気づいて修正することが可能になるからとか。制度の先端を行っている企業は導入の理由もかなりユニークです。

⑤ 60歳以上を積極的に採用

第1章で紹介した森下仁丹、ネスレのように、60歳以上であっても積極的に採用して活用しようという会社は増えています。期待されるのは即戦力です。

住友林業は定年退職者と職種のマッチングシステム「かいかつウェブ」を運用しています。各部署がシニア社員を雇用したい職種と、経験や資格などの条件を公開し、定年後に再雇用を希望する社員がその中から自分に適した職種に応募できます。また、再雇用期間を終了した66歳以上の社員には「シニア人財バンクセンター」を用意しました。会社が必要とし、本人が希望すれば登録して、社内部署とのマッチングを行います。

このように、**シニア社員が配置先を希望できる社内公募制は、シニア社員の働**

く意欲を促すためにも重要です。自分で選んだという意識を持つことで、その後の働き方や貢献度に大きな影響があります。定年前にその職場でインターンのように経験する仕組みもあれば、なお効果的ではないでしょうか。

きのこ製造販売のハラキン（茨城県）は「90歳まで現役で働ける企業」を理念に、高齢者の新規雇用を積極的に進めています。短時間勤務や希望日に勤務できるなど無理なく働ける環境を整えました。その結果、従業員130人のうち、約6割が60歳以上。地方での人手不足の中小企業の人材獲得策は、柔軟な働き方を示せるかどうかがキーとなります。

人手不足に悩む外食・ファストフード・コンビニなどの業界でいち早くシニア世代の活用を始めたのはモスバーガーです。パート雇用に年齢制限を設けていなかったので、各店舗で個々に採用していった結果、60歳以上の店員が増えていったとか。シニア世代は時間の余裕があるため、学生や主婦ができない早朝・深夜のシフトが多いそうです。シニア世代は無遅刻、無欠勤で真面目に働いてくれるので、お客さんの反応も上々。安心感があるため、高齢者のお客さんが増える効果もあります。モスバーガーではシニア従業員のことを親しみを込めて「モスジーバー」と呼んでいます。

マクドナルドではシニア従業員を「シニアクルー」と呼びます。最近、シニアが増えることを意識して、年齢や性別を問わないデザインと機能性の高いユニフォームに一新すると発表しました。**この業界はなお人手不足。経済的に万一の場合が来たときに頼りになる働き先として、仕事先リストに入れておきましょう。**

旅行会社のクラブツーリズムは、自社のツアーを利用するユーザーから希望者を募り、教育して添乗員として働いてもらう「フェローフレンドリースタッフ（ＦＦＳ）」制度を実施しています。シニアＦＦＳも多く、旅好きな人がやりがいと生きがいを見いだせる仕事として人気があるそうです。

平均年齢が64歳の営業代行会社もあります。ライフマスター（埼玉県）は、家電の営業代行・営業支援の専門会社で、売り場活性化のコンサルティング、ラウンダー業務を手掛けています。ラウンダー業務とは販売店を回って、商品の陳列方法を提案したり、売り場のサポートをする仕事です。サイトには「家電業界出身のシニア層に仕事の場を提供します」とあります。このように、今後は同じ業界出身のリタイア世代を活用しようとする動きも広がるでしょう。業界の事情に通じているので、即戦力としては申し分ありません。

長期化する人手不足で、人材確保のための人件費が増加したり、事業の採算が悪化するなど、企業の収益や経営に与える影響は大きくなっています。**新たな人材の確保が難しいのであれば、期待されるのはやはり経験豊富なシニアです。**

最後に世界の動きをひとつ。メキシコにシニア世代だけを雇用するスターバックスが誕生したそうです。メキシコも人手不足なのでしょうか。日本にも登場するかもしれません。

5. 企業がシニア社員に求めるもの

評価されるのは即戦力

働きたいからといって、どこでもどんな仕事でもいいわけではないように、会社も人手不足だからといって、誰でも雇うわけではありません。シニア社員を不安視する声もあります。世代交代の停滞、定年延長などに伴う人件費の増加、けがや健康対策への負担、そして、若い世代への給与やポストなどのしわ寄せ。「老害」「不良社員」「シニアと若年層の世代間闘争」とまで表現する人もいます。

企業や社会一般がシニア社員をどう見ているのかを探ってみましょう。「バイトル」や「はたらこねっと」を運営するディップが発表した調査に「従業員・顧

シニアを雇用して感じた良いところ（シニア雇用企業）

従業員・顧客・企業に聞くシニア採用のメリット：ディップ総合研究所

〈企業向けアンケート〉n=144（複数回答可）

Q.シニア層(60歳以上)の業務上、職場上での良い面について教えてください。

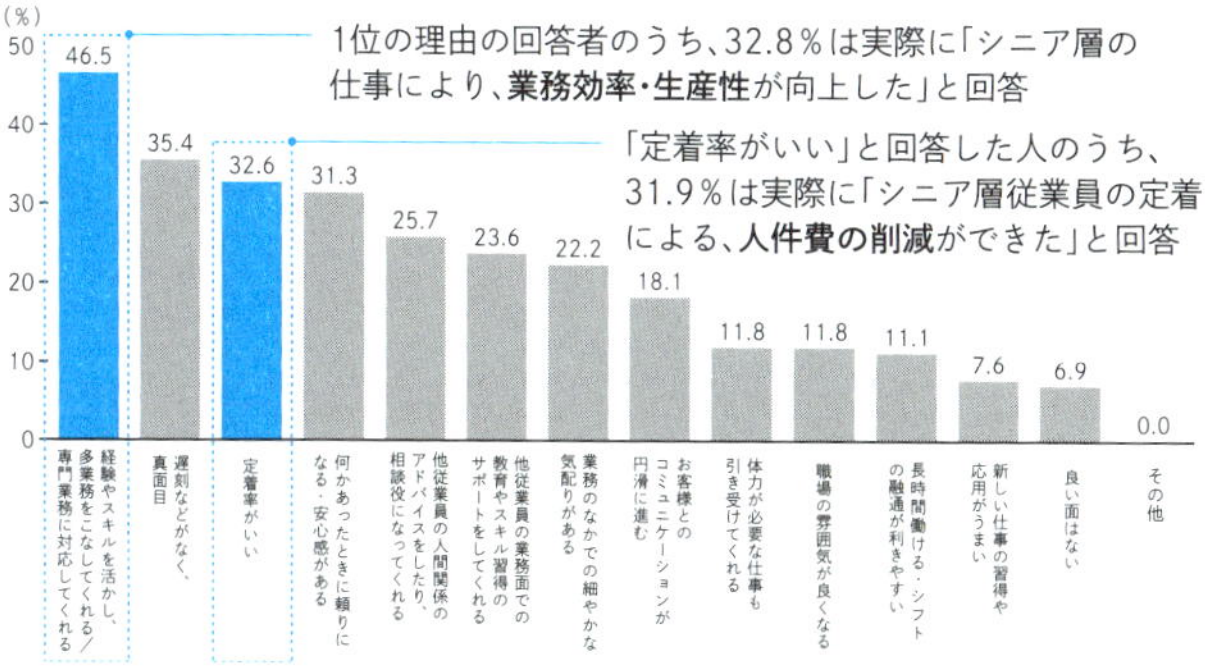

客・企業に聞くシニア採用のメリット」があります。これによれば、**最も評価されたのは「経験やスキルを活かし、多業務をこなしてくれる／専門業務に対応してくれる」で、やはり即戦力です。**

最近は特に専門性と高い経験値、課題解決能力を持ったシニア人材が求められますが、専門性が見えにくいのがホワイトカラーです。そのため、自分はどのスキルと経験で、個々の会社に貢献できるかを考えて就職活動に臨むことが重要となります。どこの会社にも同じ対応ではだめなのです。

次に多かったのは**「遅刻などがなく、真面目」「定着率がいい」**でした。若者では少し不安な部分をシニアが補っていることになります。さらに、従業員との関係、細やかな気配り、お客さんとのコミュニケーションなども、まさにシニアならではの良さ、「亀の甲より年の功」を発揮できる部分でしょう。

年齢を重ねた人のいいところは他にもあります。例えば、物怖じせずに誰とでも話せる、トラブルや緊急時には経験を生かした大人の対応ができることなどです。若い人には心強く見えることでしょう。

裏返せば、これらの回答はシニア社員に期待することとイコールと受けとっていいと思います。**即戦力としての貢献、技術やノウハウの継承、模範を示すことで他の社員に与えるよい影響力、社内の潤滑油としての役割などが期待されます。**

さらに、新規顧客獲得のための人脈、その企業や業界に必要な特殊な資格や技術を持っていれば申し分ありません。

逆に、シニアを雇う際、または一緒に働く際に雇用側が心配している点は、「健康状態と体力」、「過去の仕事のやり方に固執する」、「PC操作」が上位にあり、これに「年上の部下がいると気まずい」が加わります。

シニア世代への誤解と思い込み

ただ、シニア世代への誤解や思い込みもあります。この調査では、雇用している企業、シニアと一緒に働いたことのある人、働いたことのない人の3分類で聞いていて、シニアと一緒に働いたことのない人のほうが「仕事の物覚え」「指導時に気を遣う」といった項目でマイナスイメージが高いようです。これは世間一般の人がシニア世代に持っているイメージだと考えることができます。

アンコンシャス・バイアスという言葉があります。「無意識の偏見」という意味で、ここでは「シニアは体力や処理能力、モチベーションが低下しているに違いない、だから扱いにくい」という思い込みです。

エイジズムという言葉もあります。年齢による偏見や差別です。実は、一定の年齢で有無を言わせず退職となる定年制度もエイジズムの一種と言われます。だから、あらゆる差別を禁止しているアメリカには定年がないのです。

能力やその衰え方には個人差がありますが、特に60歳を超すと差は大きくなります。そのため、**一般論ではなく、個別にシニアの能力や体力を見ていく必要があります**。現実にはそうはなっていないので、今後、それぞれが仕事や職場で身をもって示すことが、偏見と年齢差別をなくすことにつながっていきます。

ある調査には、シニアは仕事の処理の速さや記憶力は若い人に及ばず、学習意欲も低下するものの、むしろ知識欲は旺盛になり、興味・関心は上昇するとありました。また、達成へのモチベーションは年齢とは関係ないという報告もあります。これは、私の周りのシニア世代を見ていてもわかります。

好まれる要素と嫌われる要素

シニア社員の採用では経験や能力よりも人柄が影響するともいわれています。職場で好感や尊敬をもって受け入れられるのはこんな人たちのようです。

まず、仕事への取り組み方が見られています。

どこでも通用する能力を身につけている／自分の能力を客観的にみられる／能力をさりげなく表現できる／新しい仕事に前向きに取り組んでいる／苦手な分野に取り組む姿勢や意欲がある／新しい知識の吸収に熱心／自分のこと

は自分でできる「おひとり様仕事能力」がある。

次に大事なのは、コミュニケーション能力です。

後輩の指導に熱心に取り組む／自分の持っている知識と経験を伝えてくれる／一緒に汗を流してくれる／問題点には批判せずに寄り添う／じっくり話を聞いてくれる／適切な助言をしてくれる

ほかに、鈍感力もシニアの魅力だと言った人がいます。時には「まあ、なんとかなるだろう」も必要です。それが諦めや放棄ではなく、経験に裏打ちされた状況判断であれば、これも次の世代は評価してくれるでしょう。シニア社員が真面目に取り組む姿は周りにいい影響を与えます。**よきロールモデルを示すことができれば、それだけで貢献をしていることになる**のではないでしょうか。

今まで身につけたビジネス現場での振る舞い、ビジネスマナーも役に立つことがあります。昨今は、一度も会社などに勤務した経験がなく、学生からすぐに起業する若者が増えています。知り合いの30代ベンチャー企業社長の話では、そうした若い起業家はビジネスには自信があっても、いわゆるビジネス界での交流では気後れすることがあるそうです。傍にいて、いろいろとアドバイスしてくれる先輩がほしいと感じている若い起業家もいるとのことでした。

最後にあまり知りたくないかもしれませんが、自戒の意味を込めて、嫌われる要素も列挙してみます。

人の話を聴かない／話が長い／自己主張が強い／新しい会社の雰囲気や文化になじもうとしない／上司風を吹かせる／柔軟性や協調性に欠ける／価値観

を押しつける／上から目線で会話をする／空気が読めない／説教をしたがる／現役時代の会社名や役職が自慢／過去の経験や在職中の成功体験を繰り返す／これまでの仕事のやり方に固執する／そんなことは自分の仕事ではないという／事務的な仕事はしない／指示がないと動かない／年下に教わることに抵抗がある／そんなことは知っているという

この逆をすれば、好感度は上がります。**大事なことは、定年前からしっかり準備をして、スキルと能力を身につけるだけでなく、人間力とコミュニケーション能力も磨いておくこと**です。

6. スキルアップと生涯教育

重要なリカレント教育

現役時代の経験とスキルだけでこれからも仕事をやっていくのは、いかに経験と知識の豊富なシニア世代でも難しい時代になりました。技術も仕事の内容もどんどん進化していて、社会の変化と共に、今まではなかった仕事や機会が生まれています。**シニア世代が新たな仕事に就くためには、学び直しが必要となり、人生100年時代には生涯に渡って学ぶ必要があります。**こうした生涯教育のことを「リカレント教育」とも言います。

今までの職業上の学習やスキルアップは、現場で仕事の経験を積み重ねることによってスキルと知識を向上させていく「ＯＪＴ（オン・ザ・ジョブ・トレーニング）」が主流でした。しかし、海外では就労した後も再び専門機関などで学び、また就労してまた学ぶというサイクルが当たり前のようになっています。

会社員時代、私は社員のインセンティブツアーの事務局を担当していたことがあります。ある年の開催地はハワイ。ハワイ大学に持ち掛けて学生と社員の国際交流会を企画しました。当日、現れた学生の多彩さには驚いたものです。人種が様々なのは当然ですが、髪の毛の薄い男性、お腹の張り出した初老の男性、逆に、高校生のような若者（たぶん飛び級）、妊娠中でお腹の大きな女性など、日本での学生のイメージとは異なる方々のほうが多いくらいでした。

最近は社会人講座が盛んなので、日本の大学キャンパスでも様々な年代の人を見かけるようになってきました。よく考えてみれば、大学で学んでいるのが18歳から23歳あたりまでの若者だけという構図はむしろ異常です。第1章で紹介したベストセラー『LIFE SHIFT』が示すように、人生100年時代には、学校を出て就職して、同じ会社で一生を終えることはなくなるのですから、生涯に渡って学び、自分を成長させて、また社会で役立てるという考え方は当然です。

行政の学び直し支援

国や自治体が働き方改革と合わせて、社会人の学び直しと就労を支援するためにもっとも力を入れているのが「**公共職業訓練**」と「**求職者支援訓練**」です。前者は原則として、雇用保険の受給者つまり失業保険を受け取っている人、後者は雇用保険を受給できない人が対象となります。希望するコースがない場合は、年収など一定の条件を満たしていれば、どちらでも選択することができます。公共職業訓練の期間は概ね3か月から2年、シニア世代も対象となる離職者向けコースの受講料は無料です。

公共職業訓練として各都道府県が実施している「**職業能力開発校**」には高齢者向け（おおむね50歳以上）のコースがあります。

東京都を例にとると、都立中央・城北職業能力開発センターに「**高年齢者校**」があります。受講科目を調べてみたら、建築関係（インテリアリフォーム・ビル管理・設備保全など）、電気関係（電気設備管理・電気設備保全など）、事務関係（ビジネス経理・経営管理実務・パソコン実践など）、その他として、庭園施工管理、ホテル・レストランサービス、マンション維持管理、和装技術、ワードやエクセルのパソコン操作などがありました。「高年齢者校」では募集期間中に見学会を行っているので、見学してから受講するかどうかを決めることができます。

ただ、いわゆるホワイトカラーだった人が事務系でスキルアップしたい場合、魅力ある講座があるとはいえません。例えば、中小企業向けのコンサルティング時の対応と心構えを学ぶとか、キャリアコンサルティングなどの人事にかかわる養成講座、スキルアップ講座なども設けるべきではないでしょうか。

求職者支援訓練の訓練期間は2～6か月です。求職者支援訓練の受講者は収入がない状態なので、受講期間中に毎月10万円と通学のための交通費を支援してくれる「**職業訓練受講給付金**」、それでも足りないという人のためには労働金庫を通じて融資が受けられる「**求職者支援資金融資**」を利用することができます。ただし、融資には厳しい条件があります。

厚生労働省が就職促進として、都道府県を通し、民間に委託して行う事業「**高齢者スキルアップ・就職促進事業**」もあります。55歳以上を対象に、経験のない分野にも就職できるような技能講習や職場体験などを実施しています。

いずれの申し込みもハローワークで求職していることが条件です。ハローワークの項でも書きましたが、多くの仕事に関する訓練や給付金などの関連事項はほとんどハローワークを通して行うことになっています。求人情報のチェックにとどまらず、ハローワークでの情報と相談事業を活用しましょう。

こうしたかっちりした講座とは別に、自治体や民間ではシニア世代向けの各種講座・セミナー、講演会が頻繁に開催されています。そちらの情報にもアンテナを張っておき、活用することを心がけたいものです。

大学は社会人講座に熱心

生涯教育や社会人教育といえば大学が熱心に取り組んでいます。2016年度は全国776大学のうち、135大学が社会人のためのプログラムを開講しました。また、放送大学や法政大学、創価大学など、通信講座での受講が可能な大学もあります。少子高齢化で10代から20代初めの学生の確保が難しくなったこともあり、社会人向け講座は大学の経営の重要な柱ともなっています。

埼玉県は55歳以上を対象に、一般の学生と一緒に学べる「**大学の開放授業講座**」を実施しています。2019年10月から半年開講の講座には、埼玉大学、日本薬科大学、東邦音楽大学、東京国際大学、城西大学、女子栄養大学、東京電機大学、埼玉工業大学、ものつくり大学、日本工業大学、埼玉県立大学、日本社会事業大学など、埼玉県内にある20と都内1大学の名前が掲載されています。受講者は各大学の定める受講料を負担して受講します。一般の大学とは違うので単位は認定されません。募集は年に2回あります。

ネットなど学ぶ機会は多彩

インターネットで自宅にいながら、気軽に学べる仕組みも登場しています。例えば、無料で学べる「gacco（ガッコ）」、無料のオンライン生放送授業「Schoo（スクー）」などがあります。また、無料で60もの言語を学べる言語教育プラットフォーム「Duolingo（デュオリンゴ）」もあります。

ネットを検索していたら、60歳以上の営業職・コンサルティング職経験者向けにデジタル営業を紹介する講座として「バブル崩壊・リーマンショックを生き抜いた営業マンのためのトップセールスマン講座〜令和を生き抜く最新デジタル営業のいろは〜」などというユニークなタイトルの講座もありました。民間は時代の要請に敏感です。学ぶ機会や手段は、いくらでもあります。

最近のトレンドとしては「**プログラミング学習**」があります。ソニー生命保険の「シニアの生活意識調査2018」によると、シニアが学びたいのは「語学」「歴史」についで、「パソコン・インターネット」が3位でした。しかも、男性ではかなりの人が「プログラミング」に関心を持っているようです。シニアの場合、今から新たにプログラミングを身につけて就職に役立てようというわけではないと思いますが、80代になってから脚光を浴びた若宮正子《わかみやまさこ》さんの例もあります。彼女は高齢者向けのアプリ『hinadan（ひな壇）』を開発したことで、アップル本社の世界会議に招かれてスピーチを行い、一躍、時の人となりました。世界最高齢のゲームアプリ開発者として引っ張りだこです。

プログラミング学習は若い世代のものと思いがちですが、団塊世代以降のシニア世代にはコンピュータ関係の仕事に就いていた人がたくさんいます。日本の中小企業に業務用のオフィス・コンピュータが急速に普及する時代に、その最前線にいました。そんな素養のある彼らがもう一度最新の手法を学んで、子供たちなどに教える仕事に就くことも可能なのではないでしょうか。

大手企業などでは、社員のセカンドライフのための定年準備講座を実施しています。しかし、講座の内容は退職金の運用や保険を中心としたマネープランがメインです。それはもちろん必要ですが、**新たなライフステージや定年後の働き方、スキルアップ講座などの内容を取り入れて、様々な生き方があることを理解してもらい、次のステージに進む準備を促すことも重要**だと考えます。

7. 定年後に新たな資格は必要か

定年後に役立つ資格

再就職に役立てたいと定年後に資格取得を目指す人がいます。ホワイトカラーや管理職だった人に役立ちそうな資格をピックアップしながら、定年後の資格取得について考えてみましょう。定年後に役立つと思われる資格サイトから選んで一覧にしてみました。

【定年後に役立つ資格の例】（順不同）

産業カウンセラー／キャリアコンサルタント／消費生活アドバイザー／ファイナンシャルプランナー／シニアライフアドバイザー／健康生きがいづくりアドバイザー／コーチング・コーチ／宅地建物取引士／マンション管理員（マンション管理士は難易度が高い）／全国通訳案内士（外国語よりも日本の地理・歴史・一般常識が難しい）／日本語教師／介護タクシー（市民でも条件を満たせば認可される）／社会福祉士／介護福祉士／ホームヘルパー／健康管理士／レクリエーション・インストラクター／保育士／チャイルドマインダー／福祉住環境コーディネーター／福祉用具専門相談員／認知症サポーター／日商PC（文書作成・データ活用・プレゼン資料作成またはデータ活用）／パソコンインストラクター／国内旅行業務管理者／トラベルヘルパー／整理収納アドバイザー／古民家鑑定士／就活アドバイザー／相続診断士／薬膳アドバイザー／森林インストラクター

ここではあえて、技術系の専門資格は選びませんでした。すでに紹介したように、公的機関では技術系の資格取得とスキルアップ講座が充実していますし、人手不足の現在、事務系ほどには職探しが困難でないと思うからです。

キャリアコンサルタント、産業カウンセラー、シニアライフアドバイザーは、私が持っている資格です。最初に取得したのが**産業カウンセラー**。産業カウンセラーという名称から、企業や経営のアドバイスをする仕事と思われがちですが、基本的には心理カウンセラーです。産業カウンセラーを土台にキャリアコンサルタントの資格を取りました。人は仕事だけで悩んでいるとは限らず、個人的な理由や悩みが絡んでいる場合がほとんどです。仕事の相談がメインのキャリアコンサルタントであっても心理カウンセラー的な素養を持って取り組むことが大切です。両方を取得できたのはよかったと思っています。

ハローワーク
シルバー人材センター
国・自治体の就労支援
求人サイト
企業で働く
起業する
コミュニティビジネス

余談ですが、それまではカウンセラーのような心理系の仕事に関心を持つ人はほとんどが女性でした。ところが、私が講座を受けた頃から、俄然、50代以上の男性が増え、受講者のほぼ半数になっていました。当時、企業ではリストラや組織のフラット化などが盛んに提唱され、立場的にも心理的にも不安定になっている中高年男性社員がたくさんいました。その人たちの関心がここに向いたのだと思っています。

キャリアコンサルタントは企業の人事部や教育関係で働いたり、部下を指導した経験のある人に向いている資格です。ただし、まず相手の話に耳を傾けることが基本中の基本。会社員時代の癖で上から目線、説教癖が抜けない人は相当な訓練と矯正が必要となるでしょう。コーチングの資格も同じです。

シニアライフアドバイザーですが、私は団塊世代など自分と同年代の動向に関心があり、それを仕事にできないかと考え、関連の資格を探しました。いくつかある中で活動や運営がしっかりしているシニアライフアドバイザーと健康生きがいづくりアドバイザーが候補となりました。

最終的にシニアライフアドバイザーを受講することにしたのは、1期生（私は9期生）がとても意欲的で、当時、ジェロントロジー（日本語では老年学や加齢学などと称され、生物学、医学、社会科学、心理学、経済学、建築学など多面的に高齢者を探求する学問）研究の先端にあったアメリカの大学まで行って講義を受けたという話を聞いたからです。しかし、残念ながら、集合講座は9期で終わってしまい、今は通信講座のみとなっています。

ファイナンシャルプランナー（FP）もシニアに人気の資格です。金融機関に勤めていた人は現役時代に取れるようですが、業界や業種に関係なく、自分や家族の資産形成を考えたことから株や投資などに関心が高くなり、取得する人も増えています。私の知人は大手メーカーの技術部長を退職後、FPの資格を取り、自分の資産形成はもちろん、仲間たちのアドバイザーとして活動しています。もちろんＦＰには手数料が入ります。

日本ではまだ社会全般に投資は浸透していませんし、いきなり銀行や証券会社に行くことにはためらいがあります。その点、つきあいが長く、信頼している友人からのアドバイスならば安心です。ＦＰも友人にいいかげんな情報提供やアドバイスをするわけにはいかないので、真摯に取り組むでしょう。

金融庁が国民の投資を増やしたくて、うっかり老後資金は２０００万円不足と公言してしまいましたが、国民はとっくに年金では足りないことなど知っています。しかし、投資したくても、どの投資や金融商品がいいのか、そもそも知識がないうえに、複雑すぎて何がなんだかさっぱりわからないのです。それでいて、失敗したら自己責任ではあんまりです。**必要なのは、特定の金融機関の紐つきでない信頼できる身近なアドバイザー。**金融庁は利益を挙げることだけに固執しない市井のファイナンシャルプランナーを増やすべきです。それこそ、シニア世代を活用してはどうでしょうか。

日本語教師もこれから期待できる資格です。今、アジア諸国など日本語教育を熱心に行っている国ではどこも日本語教師が圧倒的に不足です。商社や貿易関係の仕事で海外駐在経験のある人などは、懐かしい赴任先にロングステイをかねて出かけ、実地で身につけることもできます。

ただ、国内の日本語学校で働くには資格を条件とするところが多いので、意外に高額な授業料と1年以上の学習時間が必要となります。さらに、報酬や労働環境には厳しい面があるようです。しかし、身近で取り組みやすい国際貢献として関心は高まる一方です。

外国語の堪能な人に向いているのが、**全国通訳案内士**です。外国に駐在していたとか、親の仕事の関係で外国で暮らしたという帰国子女の人たちが、この資格を取得することが多いようです。友人のお兄さんが携わっていて、外国人観光客の増加に伴ってかなり多忙とのこと。収入も悪くありません。東京オリンピックや大阪万博などでの活躍が期待できます。

資格にはビジネススキルとしてだけでなく、社会貢献に役立つ資格もあります。友人の女性は孫ができたことで、子供たちの育つ環境に関心が向かい、**保育士**を目指して猛勉強中です。うまくすれば、いきがいと収入の両方を結び付けることも可能となります。

行政書士は難易度の高い資格ですが、公務員として行政事務に20年以上（高校卒業者は17年）従事していれば取得できる資格です。今後は遺言、相続、就活、成年後見制度などの需要が増えるので有望です。

資格挑戦はよく考えてから

「シニアが稼げる資格」として、中小企業診断士、公認会計士、税理士、1・2級建築士などを紹介することが多いようですが、これらを定年後に取得する資格として推奨することには疑問があります。中小企業診断士の合格率は20％程度、公認会計士や税理士はさらにハードルの高い資格です。ちょっと勉強したくらいで取れるものではありませんし、稼ぐようになるまでには相当の時間が必要です。新たに挑戦することはおすすめしません。むしろ、IT関係の資格を取って、就職の際にスキルをアピールするほうがいいかもしれません。

資格取得にはお金がかかります。**やみくもに資格取得を目指すのではなく、自**

分が何をしたいかの方向を定め、そのためにどれが必要かを選択することが大事です。

それでも、難易度の高い資格や、今までの仕事と違う分野の資格にチャレンジしようとすることは大賛成です。資格を持っていることで、目指す職場ではないにしても、何かにつながる可能性が生まれます。

そして、資格を取ったら放っておかずに、早めに何らかの活動を開始することをおすすめします。取ったことで安心するのか、一向に動かない人も多いようです。資格を生かして、個人で自分のテーマを掲げて活動を始める人もあまり見かけません。皆で力を合わせて活動することも大事ですが、合議制では自分の思うように動けないことが多々あります。**仕事につなげたいなら、個人での活動とアピールは必須**です。

もったいないのは資格を取ることが目的化してしまうことです。資格は裏付けに過ぎず、基本的には経験と実績が問われます。難易度の高い資格を取ったからといって、仕事が天から降ってくるわけではありません。すべての仕事には営業がつきもの。そして、自ら仕事を探してくる能力、仕事を提供する人や組織とつながる能力、これらがあって仕事になるのです。

資格には国家資格と民間資格があります。それぞれの資格の詳しい内容は資格サイトや専門学校サイトなどで確認してください。

8. 応募書類と面接

最初に「履歴書」で判断

再就職は書類選考を通らなければ始まりません。「**履歴書**」と「**職務経歴書**」でうまくアピールできるかどうかが最初のハードルとなります。重視されるのは職務経歴書だと言われていますが、採用担当者が見るのはまず「履歴書」。はじかれてしまわないように、志望動機など書くべき欄はしっかり記載しましょう。

シニアの場合は**健康状態の記載**が注目されます。

顔写真も大事です。近所の写真スタジオなどで、服装や髪形を整えて撮ってもらいましょう。スピード写真の性能は上がっていますが、どうしても指名手配のような写真になりがち。印象がよくないと損をします。

最近はよく、「履歴書は手書きの方がいいのか、パソコンで作成してもいいのか」という質問をされます。以前は履歴書は手書きが常識でした。手書き履歴書なら応募者の意気込みや性格まで読み取れると言われ、字の上手下手ではなく、丁寧に読みやすく書くことと指導されたものです。しかし、**昨今はパソコン作成の履歴書でも問題ありません**。基本的にはどちらも大丈夫です。

「パソコンで作成した履歴書で、パソコンスキルがあることをアピールできるか」という質問もありました。IT系・技術系の企業であればできて当たり前なので、その程度で評価されることはほとんどありません。職務経歴書はパソコン作成が標準ですので、スキルはそちらでも判断できます。

迷ったら、経験を積んだシニア世代らしく個性を表現できる手書き履歴書でいいのではないでしょうか。履歴書の冒頭の氏名、生年月日、住所、電話などの部分だけを手書きにすることで自分を表現するやり方もあると聞きました。欧米では、タイプ文書でも必ず自筆でサインします。それと同じです。当然ですが、汚れや使いまわしのわかる履歴書は問題外です。

応募先に合わせて「職務経歴書」を書く

「職務経歴書」は履歴書のようにパターン化されていないので、転職経験がなければ、何からどう書いたらいいのか、見当がつかないというのが正直なところでしょう。**書くために必要なのは、今までの自分のキャリアやスキル、実務経験などの整理と分析**です。そのためには、スターティングノートやジョブカードのようなものを作っておくのも一つの方法だと紹介しました。記載事項はそこからピックアップして書くことができます。

職務経歴書に書くべき基本項目は、**①応募職種、②最終学歴、③職務経歴、④生かせる能力、⑤志望動機**です。最終学歴以外は、応募する会社に合わせて作成しましょう。

応募職種の名称は応募先によって異なる表現の場合があります。応募先の企業の表現に合わせて書き入れます。

職務経歴には今までに配属された部署と職務内容、実績を記入します。その場合、時系列で古い順に書く場合と、新しい順に書く場合があります。また、時系列ではなく、経験した職種・業務ごとにまとめて書く方法もあります。希望職種を意識した書き方です。

活かせる能力の部分には、希望職種に関してアピールできる自身のスキルや経験、意欲を記入します。

最後の志望動機は特に重要です。履歴書には簡単にしか書けないので、ここでは採用されたらやりたいこと、どのように志望先の会社の役に立てるかなど、積極的にアピールをします。

これらを書くためには、**求人票をよく読みこんで、この会社はどんな人材を求めているかを判断し、それに対して自分のどこがアピールできるか見極める**必要があります。

ただし、長い職務経歴書は読んでもらえません。シニア世代は勤務経験が長いだけに、職務経歴の部分に業績や成果などを長々と書きたくなります。知ってもらいたい気持ちはわかりますが、逆効果です。応募する企業が関心を持ちそうな部分に絞り、今回は関係ないと思われる部分は思い切って削除します。**多くてもA4サイズ2枚以内**に収めるようにしてください。

「添え状」についての質問も案外多くあります。添え状とは、ビジネス文書での送付状や送付案内、カバーレターに当たります。必ず作成し、履歴書、職務経歴書とセットで送りましょう。

選ぶ権利はこちらにもある

首尾よく、面接までこぎつけたとします。ここが最後の関門です。面接時間は一般的に30分程度。たった30分の一本勝負です。大事なのは第一印象。これでその後の面接の方向が決まります。平常心を保ち、シニア世代らしい余裕と落ち着きを持って臨むことを心がけましょう。

前もって家族や友人に協力してもらって、リハーサルをすることをおすすめします。友人のキャリアコンサルタントは、ビデオカメラやスマホで自分の姿を映してチェックするようにとアドバイスしています。

スキルは履歴書や職務経歴書である程度判断されているので、**面接では主に人**

柄や協調性などが見られます。質問の趣旨を理解して、簡潔に的確に答えられるかどうかが判断されます。質問事項はある程度想定して、頭の引き出しからすぐに取り出せるような準備をしておくことです。**再就労への真摯な思い、覚悟、志望動機、就労意欲が感じられる受け答えが簡潔にできればベスト。**回りくどい受け答えをすると、質問の趣旨を理解していないと思われてしまいます。

採用面接まで行ったのに、結局、ろくに質問もなく、話もうまくいかなかったと肩を落としていた人がいました。最初の印象で判断されたのではないかと思っていて、自分の第一印象がどんなものかよくわかったそうです。しかし、それだけでも収穫と思い、次に生かせばいいのです。

不採用になると、自分のすべてを否定されたように受け取りがちですが、その会社とは縁がなかっただけと割り切ることも必要です。**そもそも、一度や二度で採用されることなどありません。**30代、40代の人でも平均30~40社以上も受けて、やっと希望の職が見つかるのだと聞きました。人間同士に相性があるように、会社とも相性があります。

幸いなことに、人手不足時代のシニアは昔のシニアに比べれば、仕事探しの環境には恵まれています。第二の人生での仕事は、自分にやりたい気持ちが起きるかどうか、気持ちよく働けるかどうかも重要。こちらも選ぶ権利があるくらいの気持ちで、臆することなく臨んでいいのではないでしょうか。

9．シニアの起業スタイル

起業には法人と個人の2種類がある

今までは、正社員・非正規にかかわらず、〝雇われる働き方〟を主体に解説してきました。ここからは〝**雇われない働き方**〟に注目していきます。こちらは**自分がしたいことを自分自身で決めて、仕事そのものも自分で創り出すような働き方**です。この章の「どんな働き方があるのか」の部分にある「定年後の働き方チャート」（124ページ）をもう一度見てください。

雇われない働き方として、「起業家（会社を作る・事業を始める）」と「個人事業主、フリーランス」の二つに分類しましたが、広い意味ではどちらも「起業」です。

前者は株式会社のように法人としての届出をして事業を行うこと、後者は法人とはならずに個人で活動することです。

会社は資本金1円で設立できる時代となり、起業のハードルは格段に下がりました。私が創業した頃は、有限会社の資本金は最低300万円、株式会社は1000万円が必要でした。とても1000万円の用意はできず、融資を受けてまで起業する気はなかったので、有限会社を選択しました。それでも300万円は大金でした。

その後、2006年の法改正で有限会社を作ることはできなくなりましたが、継続は認められています。しかし、同じように有限会社で起業した仲間たちの多くは、さっさと株式会社に変更してしまいました。私は当面、有限会社でいいと思っています。以前の制度がそうだったので、株式会社のほうが格上のようなイメージがありますが、当社は1円で起業したのではなく、少なくとも300万円の資本金を持った会社であるということが名称でわかるからです。

ただ、それも今後は意味のないことになるでしょう。1円だろうと、1万円だろうと、100万円だろうと、**自分のできる範囲で会社を作り、活動が始められることの方が重要**だからです。資本金は儲かってから増額すればいいのです。

一度は自分の会社を持って、自分のアイデアで事業を進めてみたいと思っているシニア世代のために様々な支援策が生まれています。事業アイデアと人脈があり、それなりの計画を立てることができ、さらに意欲があるなら、チャレンジしてみる価値はあります。

個人事業主とフリーランスの違い

会社でなくていいという人は、個人事業主として起業しましょう。従業員を雇うことも、店舗を持つこともできます。奥さんや友人を従業員にして、給与を支払っている人はたくさんいます。コンビニや飲食、子供たちの学習塾チェーンなどに加盟してオーナーになるのも起業です。

また、チャートで「仕事はしない」に分類しているように、趣味や特技に勤しんでいる人が、教えることになり、月謝を稼ぐようになったという話は昔からよくあることです。

町でよく見かける、茶道、華道、お習字やピアノの先生も起業の一種です。さらに、趣味で始めた能面づくりで能面師として独り立ちし、お弟子さんを取って教えている人もいます。

個人事業主は届出が必要です。開業したら1か月以内に「開業届出書」を提出します。さらに「青色申告承認申請書」も提出しましょう。先日、退職して個人事業主になったという人と話をしていたら、白色申告のままとのこと。早速、青色申告への切り替えをアドバイスしたところです。

青色申告ではきちんと帳簿をつけ、それに基づいて正しい申告をすることで、基礎控除や特別控除、赤字を3年間繰り越せる欠損金の繰越控除などの優遇策を受けることができます。フリーランスは開業届出は必要ありませんが、青色申告のほうが有利です。

フリーランスは近年増えた働き方であり、まだ明確な定義はないようです。中小企業白書では暫定的に、「特定の組織に属さず、常時従業員を雇用しておらず、消費者向けの店舗等を構えておらず、事業者本人が技術や技能を提供することで成り立つ事業を営んでいる者」としています。

この定義に従うと、個人事業主とフリーランスも少し違うことになります。どちらも法人化せずに個人で仕事をすることですが、**従業員を雇わないのがフリーランス**のようです。

政府もフリーランスを柔軟で新しい働き方ととらえ、「働き方改革」の一環として支援に乗り出しています。一説では、このような働き方をする人は1000万人を超えたとのこと。経済産業省が実態や課題に関する研究会を立ち上げたり、フリーランスの減税を検討すると発表しています。

このような新しい働き方は若い世代や子育て中の女性などのものと思いがちですが、**定年となり、他人に拘束されずに、自分の考えで好きな仕事をやっていき**

たいシニア世代にこそ適した働き方だといえます。パソコンとスマホがあれば仕事はできる時代です。就職先を探す時間を、自分の中の経験とスキルを発掘して、新しい働き方に踏み出すための時間に使うのはどうでしょうか。

60歳以上の起業家はバブル真っ盛りの１９８０年代半ばと比べると2倍程度に増えています。中小企業白書に掲載されている「起業家の年齢別構成比」によると、起業家全体に占める60歳以上の割合は２０１２年で男性が35・０％、女性は20・３％でした。白書には増えた理由として「サラリーマンが定年退職した後にセカンドキャリアとして起業を選択した」のではないかとありました。再就職を目指したものの、思うような仕事に出会えないため、それなら自分で始めたほうがいいと判断した人も多かったのかもしれません。その後の伸び率は横ばいのようですが、シニアの起業意欲は安定しているということです。

チャートの点線矢印が示すように、**個人事業主やフリーランスはある程度の安**

定収入確保の道を見つけたら、税制面で有利な法人化を検討するようになります。

知り合いの会計事務所に聞いたところ、年間売上が2000万円を超えたら考え時とのことでした。逆に、それ以下ならばあまりメリットはないということです。会社設立は軌道に乗ってからでも遅くないので、まずは個人事業主やフリーランスからのスタートが賢明です。


ところで、「自営業者」という言い方があります。案外、使われ方があいまいなので、簡単に解説しておきます。自営業者は自分が主体となり仕事をしている人です。その中で法人化していないのが個人事業主です。かたや私のように、自営業者であっても会社組織にしている場合は個人事業主ではなく、会社経営者となります。

ここでは会社の設立方法や青色申告などの手続きには触れませんので、ネット

ハローワーク
シルバー人材センター
国・自治体の就労支援
求人サイト
企業で働く
起業する
コミュニティビジネス

で調べたり、税務署などに問い合わせるなどして準備してください。

生きがいを得るために起業する

さて、シニア世代が興す事業とはどんなものでしょうか。日本政策金融公庫が2019年に発表したデータには **〝ゆるやかな起業〟** という言葉が登場します。基準となるのは「仕事の目的として『自分の好きなことを自分でやること』を重視するか」どうかです。イエスと答えた人が「ゆるやかな起業家」ということになります。

その「ゆるやかな起業の実態と課題」調査によれば、いわゆる利益追求型起業での60代の割合は11％程度ですが、ゆるやかな起業家では29・1％と全世代で最も多くなっています。**シニア世代の一番の目的はお金をたくさん稼ぐことではなく、「やりがい」「生きがい」を重視し、社会との接点や人生を楽しむこと、つま**

生きがい（ゆるやかな）起業家

◆起業年齢

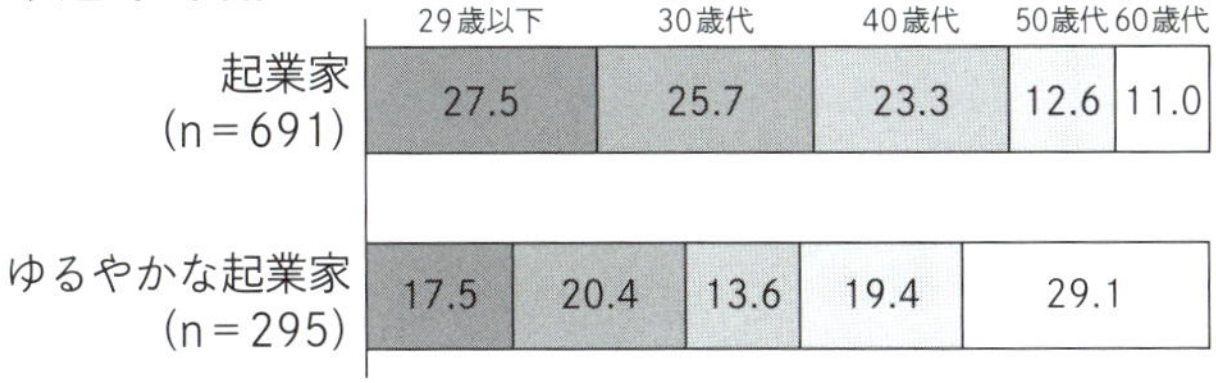

◆起業費用：1円で株式会社設立可能

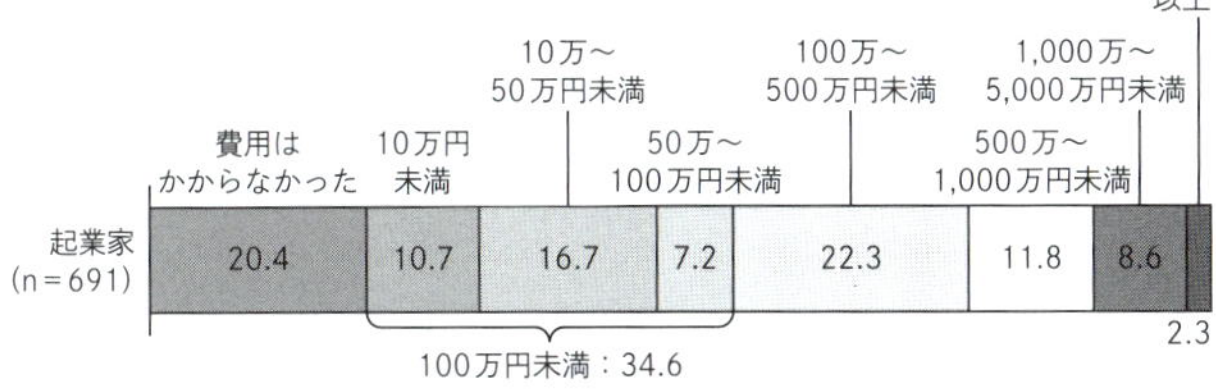

日本政策金融公庫総合研究所「ゆるやかな起業の実態と課題」

り「生きがい起業」を目指す人が多いということです。

起業の理由として「自由に仕事がしたかったから」「仕事の経験・知識や資格を生かしたかったから」「趣味や特技を生かしたかったから」「社会の役に立つ仕事がしたかったから」のポイントが高くなっています。

収入は多くはないものの、やりがいの点では「かなり満足」していて、「続けられる間は続けたい」という回答も多数でした。

起業というと、多額の資本金を用意するか、融資を受けるかして、便利な場所にオフィスを借りて設備を整え、従業員を雇って、ゆくゆくは上場を目指すという大掛かりな事業を想像しがちです。

しかし、「ゆるやかな起業」の場合は違います。「起業費用」のグラフを見てください。100万円未満が34・6％で、「費用はかからなかった」が20％以上もいます。**自宅で開業する個人事業主やフリーランスであれば、特別な費用は必要ない**のです。

また、人を雇えば給与を保証する義務が生じます。事業を始めたものの思うような売上にならず、自分の給与は後回しで、従業員のために奔走している人たちもいます。無理は禁物。自分にふさわしい起業の形を考えましょう。〝雇われない働き方〟もあれば、〝雇わない働き方〟もあるのです。

無理をしないシニアの生きがい起業は、自分がやりたいと思えばいつまでも続

けることができます。利益第一主義ではないから、大きな失敗もありません。ただし、どこまでにどうなれば成功と言えるのか、自分なりに基準を決めておきましょう。

もう一つ考えておかなければならないことがあります。定年後の起業なので活動できる期間は限られています。始めがあれば、終わりもあります。**自分なりの事業の終え方を考えておく必要もあります。**自分限りで終わらせるのか、うまく軌道に乗せて子供や孫に継がせたいと考えているのか、あるいは後進に譲りたいのか……。

ゆるやかな起業では、自分限りの事業と考えている人が多いと思われます。それならば、いつ、どうなったら、どうするのか。また、突然自分がいなくなった場合を想定して、家族が事業の廃止や引き継ぎで困らないようにしておくことも必要。もちろん、借金を残すなどは論外です。

シニアになってからの起業ですから、廃業などの手続きなども知っておきましょう。そうすることで、むしろ事業意欲が高まり、覚悟が整い、思い切った活動ができるのではないでしょうか。

10. シニア起業のリアル

シニアならではのアイデアや個性で

シニア世代は具体的にどんな業種や仕事で起業しているのでしょうか。次ページのような統計によると、それまでの職歴を生かした経営コンサルタントや営業代行などサービス業の割合が高いようです。リタイア後に個人事業主となり、特定の会社と契約してコンサルや営業代行で働いている人はたくさんいます。

皆がやっているので、それがもっとも取り組みやすい仕事のように見えますが、だからといって、うまくいくとは限りません。会社員時代は横並びでよくても、

何で起業しているか（60歳以上）

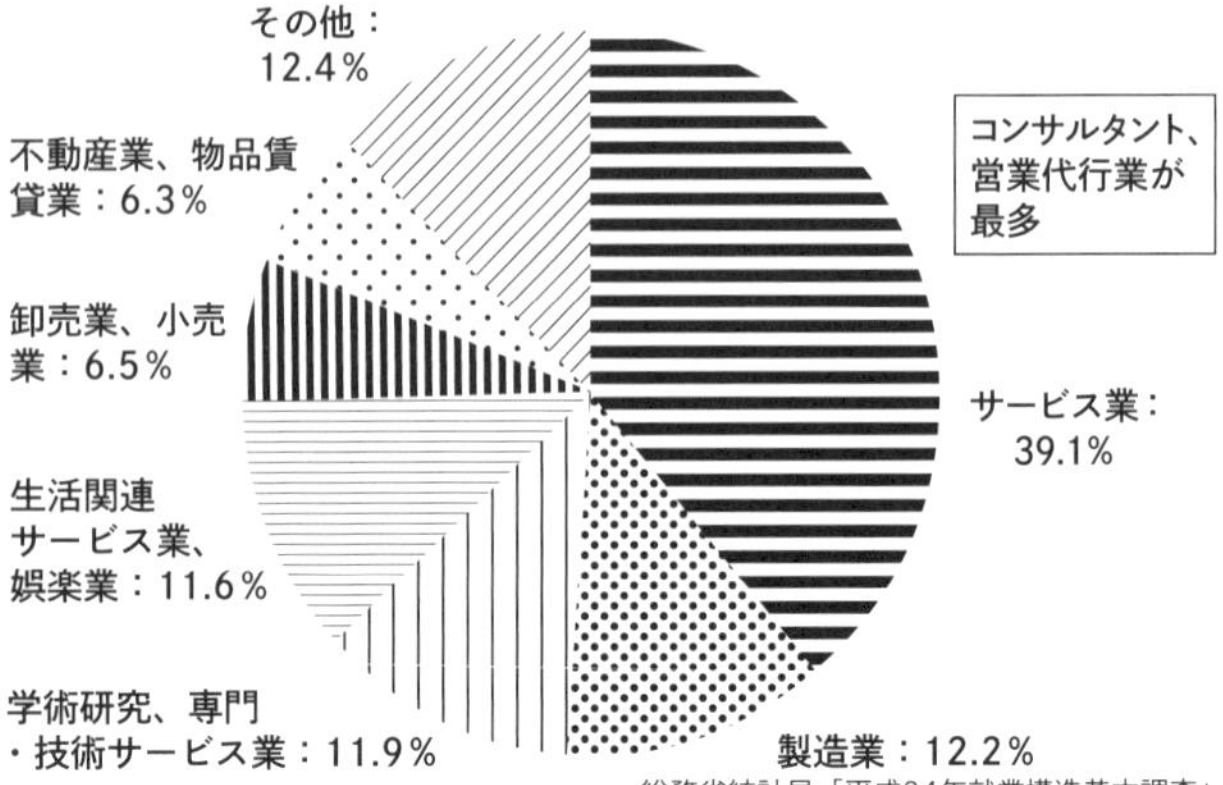

総務省統計局「平成24年就業構造基本調査」

事業は人と同じことをやっていたら埋もれるばかり。**個性やアイデア、それなりのスキルと経験に基づいた〝売り〟が必要です。**

自分は何ができるのか、何をやりたいのか。ここでも前述のスターティングノートが役に立ちます。やりたかったこと、やり残したことは何だったか、使えるスキルや資格はあるか、得意なことや周囲から歓迎されたことはあったか、身の回りの不便で気になることはないか、自分は何をやっているときが充実しているか。ノートをめくりながら、思いを巡らしてください。自分らしいオリジナリティやユニークさを発揮できるものを見つけることができれば、しめたものです。

そうはいっても、誰もやっていないまったく新しい事業などそうそうありません。**飽和状態にある業界であっても、既存のサービス内容にひと味加えることで新しい魅力が生まれることは多々あります。**また、経営コンサルやファイナンシャルプランナーなどという相談・アドバイス系の事業であれば、分野を吟味し、競争相手の少ない部分に特化することで、それなりの立ち位置を確立することができます。**規模は小さくても、競争が少なくて、確実に一定の需要のあるニッチ市場は、大きな儲けは求めずにマイペースで仕事に取り組みたいシニアには最適です。**

ある程度の方向性が固まったら、自分のアイデアを家族・友人・知人に話す機会を持つことをおすすめします。ひとりでは気づけないことを指摘してもらえ、このアイデアがどの程度のものかをある程度判断できます。そうすれば、企画はさらに豊かなものになります。そして、その事業に市場性や需要があるかどうかを調べて、やるべきかどうかを判断します。起業前に同業者のサービスを試してみて、参考にするのも一つの方法です。

「今日のご飯」と「明日の夢」

私の場合を振り返ると、当初はニッチビジネスそのものでした。シニア関連事業といえば、介護や福祉が一般的。市場規模は大きく、公的資金もはいりやすく、人手不足から需要が期待できる分野です。しかし、私はそこにはあまり関心がなく、介護が必要となる前にはまだまだ元気に活躍できる人生があり、それこそが大事だと考えました。私と同年代で、どの世代よりも人口の多い仲間たちは、年齢を重ねたものの、若い時はそれなりに過激な生き方も経験しています。彼らが定年を迎えた後、何を求め、どのように動くのだろうか。そのことにも興味がありました。育ってきた時代や価値観を背景に、新しいシニア世代が現れ、ライフスタイルも変化するのではないかと思ったのです。

しかし、こんなことが仕事になるのか。自分でもあまり自信がなかったのですが、幸いにもほどなく団塊の世代を中心とした2007年問題が大きく取り上げられるようになり、仕事は増えていきました。たまたまうまくいっただけかもしれませんが、自分の関心事に取り組むことが大事だと思っています。

どんな事業も最初からうまく行くことは稀です。うまくいっている人の多くは「最初はさっぱりだったが、あきらめずに続けるうちにお客さんができ、お客さんがお客さんを連れてきてくれたり、リピーターが増えていった」と言います。

私の場合も同じです。まともな仕事になるまでには3年ほどかかりました。1

年目は会社設立のご祝儀でそれなりに仕事をいただきましたが、厳しかったのは2年目です。ご祝儀はなくなり、ひたすら種をまく時期。収穫はほとんどありませんでした。いよいよこれで終わりかと覚悟した3年目あたりから、ぼちぼちと仕事がつながるようになりました。「石の上にも三年」は正しいと思います。

シニア世代のゆるやかな起業の場合でも、種をまいて刈り取るまでにはやはり時間がかかります。では、その間どうするのか。**起業に必要なのは「今日のご飯」と「明日の夢」です。**「今日のご飯」は生きていくために必要な差し当たっての収入。希望とはかけ離れていても、割り切って働くしかありません。

しかし、大事なのは「明日の夢」。それがあるから、今日のご飯となる仕事もやる気になります。「明日の夢」をあきらめることなく、焦ることなく、コツコツとスキルを磨きながら続けることで、夢も現実になることがあるというのが私の実感です。シニア世代なら土台はすでにあります。そんなに焦ることなく、じっくり取り組めばいいと思います。

「複業」をめざす

7〜8年前に「月3万円ビジネス」という考え方が話題になったことがありました。月に3万円しか稼げないようなビジネスでも、それを10個手掛ければ、月収30万円の収入になります。「副業」ならぬ「複業」です。

このような大きな売上が見込めないビジネスは、本格的な起業を目ざす人や利益を追求する企業は目もくれません。しかし、**身近に必要としている人はたくさんいるので、その需要に細かく応えていけば仕事になります。**

「月3万円ビジネス」の例として、「平飼いのニワトリの卵を1日20個売るビジネス（50円×600個＝3万円）」「車のバッテリーをリフレッシュするビジネス（5000円×6回＝3万円）」「有機野菜の朝市で月に2回販売」「顧客10人の買い物代行サービス」などが挙がっていました。主に田舎暮らしでの仕事の例だそうです。

しかし、田舎に限らず、不便や不足していること、小さな需要は身近にあります。例えば、顧問に毎月50万円も払う余裕のない小規模企業と契約し、経営のアドバイスや社員教育を手掛けるとします。毎月1回5万とか10万円で数社と契約すれば、りっぱに成り立ちます。

私は独立したとき、先輩から取引先はたくさんあった方がいいというアドバイスをもらいました。いくら大口でもひとつの会社に依存していると、それがなくなったときにはゼロになる。複数あれば、ひとつや二つくらいなくなっても余裕を持って対応できるからと。これと同じ考え方です。

最近はパソコンやスマートフォンを利用し、時間や場所にとらわれない働き方をする人も増えています。現役時代に身につけた文章力を生かして、数社からの依頼を受け、フリーランスとして取材で日本中を飛びまわっている人もいます。また、カメラの腕を生かし、自分で撮った写真をネットで販売している人もいます。雇われない生き方は仕事のやり方も仕事の内容も自由です。**最初はいろいろとやってみて、その中からこれぞと思う仕事に絞っていく**ことでもいいと思います。

もちろんユニークな発想で本格的事業に乗り出す人もいます。しかし、この人たちを取材してみると、やはり利益第一主義は多くありませんでした。社会のためになることをやりたい、自分はこのことに関心があるという思いのほうが強いのです。これがシニア起業家の特徴です。

例えば、神奈川県鎌倉市にあるコミュニティカフェは、鎌倉をキーに交流できる会員制読書室です。立ち上げたのは定年後の人生を模索していた男性。歴史のある古都だけに全国にはたくさんの鎌倉ファンがいます。せっかく来てもらっても、そういう人たちが交流する場所がない。その場所を提供したいと、駅前ビルの一角を借りて始めました。ここには鎌倉に関する本が本棚にたくさん並んでいます。会員になるには年会費のほかに鎌倉の本を1冊寄付することという条件があるからです。

鎌倉に関心があってネットや口コミで全国から集った会員は交流だけでなく、お互いのスキルや得意技を知るようになると、仕事仲間にもなっていきます。カフェを始めたいという人は多いようですが、このように地域特性を活かしたり、自分なりのこだわりやアイデアを加えることが成功につながります。

また、倒産したメーカーのOBが集まり、元の会社の製品のメンテナンスと修理を行う会社を設立した例もあります。倒産によって、自分たちが磨いた技術で丹精込めて作り上げた製品がなくなるのは無念。しかし、もっと気になるのは、その製品を愛用してくれていたお客さんのことです。新しい製品は提供できなくなっても、お客さんがいる限りはメンテナンスが必要だと考えました。事業を始めてみると、全国から多くの問合せがあり、他社の同じような製品のメンテナンスまで頼まれるようになりました。現役時代の技術を生かせること、社会貢献になること、生きがいを得られること。そのどれもが達成できる事業もあるということです。

一から会社を作るのは大変だという人には「個人M&A」という手法があります。後継者のいない小さな優良企業や、人材不足で経営が難しい会社を譲り受け、経営者になる方法です。定年後の経営は大変かもしれませんが、人生最後の大きなチャレンジとして、やってみたい人もいるのではないでしょうか。

11. シニア起業支援を利用する

「創業支援講座」で基本を学ぶ

ここでは、シニアが起業する際に使える支援策を紹介します。シニアが力と経験を発揮して、もう一度活動することへの期待は大きいものがあります。産官学を問わず、実験的なものも含めて、起業を希望するシニアのための創業支援講座は多数開催されています。大都市圏だけでなく、地方でも盛んです。

例えば、就労支援の項で、老人福祉センターなどの老人施設をシニア就労支援の場に衣替えして活用していると紹介した福岡市は、同じ施設で定期的に「**アク**

ティブシニアの創業支援講座」を開催しています。

シニアというと、すぐに介護と福祉に頭が行きがちで、〝介護以前は元気で就労・創業〟という発想は、意外にありそうでありません。この講座のおかげで、それまでほとんど来所することのなかった60代あたりの比較的若いシニア層が来ることになり、施設利用の活性化も図れるでしょう。

ネットで検索して、近くで開催される説明会や講座などを見つけたら、試しに参加してみてはいかがでしょうか。なによりも、**同世代がどのように考えて動いているか**を知ることができます。起業するかどうかはその次。刺激を受けることで、思いもよらなかった道が開けてくるかもしれません。

私は創業時に、東京都中小企業振興公社の講座に参加して、起業のいろはを学びました。この講座は今も「ＴＯＫＹＯ起業塾」として開催されています。受講料は1日だけの入門コースであれば2千円、3日間でも7千円とさほど負担ではありません。創業相談員がプランの立て方や融資や助成金申請などの相談に乗ってくれ、インキュベーション（起業したい人のために、安価に借りられる場所の提供や活動の支援をする）施設の紹介もしてくれます。

今、自治体でシニア起業支援にもっとも力を入れているのは神奈川県です。黒《くろ》岩祐治《いわゆうじ》知事の強い方針の下、概ね55歳以上のシニアを対象に「かながわシニア起業家応援サロン」「シニア起業セミナー」「かながわシニア起業家ビジネスグランプリ」などを展開しています。

「かながわシニア起業家応援サロン」はインキュベーション施設で、現在、神奈川県では桜木町、川崎の2か所に設置されています。

目玉は、2017年度から実施している**「かながわシニア起業家ビジネスグランプリ」**です。①起業から10年未満で活動拠点が県内にあれば、個人事業主・法人を問わずに応募可能な「ベンチャー部門」、②1年以内に県内で起業を予定している個人やグループが応募可能な「プラン部門」が設けられています。

２０１７年度、２０１８年度の受賞者を見ると、「シニア向けウクレレサークルの展開」「農耕馬との交流によるＱＯＬの向上」「マイナー民族弦楽器の修理・製作・販売」「高齢者とその家族向け安全運転講座の開講」など、なかなかユニークです。応募前の「かながわビジネスプラン・ブラッシュアップセミナー」の開催、パシフィコ横浜での表彰式、３万円から10万円の入賞賞金など、シニア世代の関心と起業意欲を高めようと努力しているのがわかります。

事業に役立つＱ＆Ａやシニア起業家30人以上を紹介した『人生１００歳時代！輝けシニア起業家』という冊子も発行しました。実物はもう入手できませんが、神奈川県のホームページで全頁が閲覧できます。

東京都も２０１９年、55歳以上を対象に「**東京シニアビジネスグランプリ**」という起業コンテストを始めました。キャッチフレーズは「定年後、好きなことで起業する」。最優秀賞、優秀賞、奨励賞の賞金を用意しています。また、受賞者を含む最終審査進出者全員に起業資金として100万円を支給するとしています。

東京都立産業技術大学院大学（2020年4月よりこの名称に変更）は、起業に挑戦するシニアのための「AIIT シニアスタートアッププログラム」を開講しています。説明には「起業に挑戦するシニア層や中小企業の後継者のための学びの場として、起業に必要な知識及びスキルを短期間で修得できるよう、大学院教育（修士課程）レベルでの学び直しのためのプログラムを提供する」とあります。

受講するには2000字程度の論文選考があり、合格者は8月から翌年2月までの間に規定の講座を履修することで、学校教育法に基づく履修証明書が交付されます。この学術的な講座がどの程度、実際のシニア起業に結び付くのか、期待を込めて、注視していきたいと思います。

図書館やネットも利用する

起業支援講座の受講料は無料、もしくは手ごろな参加費で受講することができます。そこで、起業講座のはしごをする人もいるようです。どの講座も内容はさほど違わないので、受講は2回も受ければ十分です。勉強ばかりでは、逆に気持ちが萎えてしまいます。

もしも、石橋を叩いて危ないと思ったら、早々にあきらめ、別の道を探しましょう。しかし、渡ってもいいと判断したら、動き出してください。創業後の様々な悩みや問題の相談に乗ってくれる支援制度やサービスもたくさんあるので、**活動しながら、ひとつひとつ修正していけばいい**のではないでしょうか。

時間がない人はネットで学ぶこともできます。独立行政法人中小企業基盤整備機構が運営する中小企業ビジネス支援サイト「J-Net21」は中小企業のビジネス支援のためのサイトで、「起業をする」のページには初心者向けの「起業マニュアル」や関連情報が掲載されています。また、「市場調査データ」「業種別開業ガイド」には飲食業、物販業、サービス業を具体的な業種にまで落とし込んだデータや開業の方法が掲載されており、起業したい業種が決まっている人には大変役立つサイトです。

最近の傾向としては、図書館の起業支援活動があります。「くまもと森都心プラザ図書館」では「ビジネス支援サービス」を行っています。業界の動向や統計データなどを入手でき、業界紙のマーケティング情報などのデータ検索が可能です。常駐する中小企業診断士などがアドバイスや調査資料探しの手伝いもしてくれるので、起業前の力強い味方となっています。ほかにも、埼玉県立図書館、東京都新宿区立図書館、福岡県立図書館、農業の起業支援に力を入れている栃木県小山市立中央図書館など、全国に多数あります。

図書館といえば、最近は居場所のない高齢者が集まり、日がな一日過ごす場所として、芳しくないイメージもあります。意欲に溢れたシニアが集まることで、同じ世代への刺激にもなり、今までの雰囲気も変化するかもしれません。

登記もできるレンタルオフィス

民間でのシニア起業支援といえば、「**銀座セカンドライフ**」があります。同社は、先に紹介した神奈川県のシニア起業事業のほとんどを受託している会社です。同社は東京・銀座にシニア起業家向けのレンタルオフィス「**銀座アントレサロン**」を設立したことから始まりました。レンタルオフィスでは自分専用のスペースを借りることも、必要なときだけ時間借りすることもできます。低いコストで利用できるため、起業したい人には便利なシステムです。

その後、起業セミナーや交流会を開催し、多くのシニア起業希望者が集う場となりました。志を同じくする同世代と知り合える交流会は人気で、毎回100人前後が集まります。お互いの持つスキルや経験を交換することで、ビジネスを発展させる場になっているようです。

サラリーマン読者の多い夕刊フジなどとの提携も積極的に進めており、東京都、神奈川県、埼玉県でサロンを展開。現在のオフィス利用者は6500人を超えたそうです。

起業する際、案外悩ましいのは登記場所です。コンサルタントや営業代行などの仕事であれば、自宅登記で支障はありませんが、それなりの場所を選びたいという場合もあります。その時は、レンタルオフィスを会社設立時の登記場所として利用することができます。

また、打ち合わせや来客時には、自宅や喫茶店などではなく、きちんとした会議室を使いたいという場合もあります。そんなときは、レンタルオフィス内の会議室や応接室を使うことができます。レンタルオフィスは駅の近くやオフィス街にたくさんあります。システムや料金は様々なので、利用前に見学して目的にあったサービスを選びましょう。

私の場合、会社登記は自宅にしました。ただ、創業時は少し格好をつけたくて、東京・表参道に小さなマンションを借りオフィスにしました。しかし、打ち合わせや取材などで外出が多く、原稿は自宅で時間を気にせず心おきなく書くという習慣もあり、あまりオフィスにいない状況になっていきました。そうなると、パソコンやコピー機などはもちろん、毎月の家賃と管理費、電話代、水道光熱費などの固定費は無駄にしか思えなくなりました。

結局、1年ほどで契約を解除。知人の紹介で、銀座にあるレンタルオフィスと契約し、必要な時間に適当な広さの会議室を選択することで、自社オフィスのように使っています。NPOもここを拠点に活動しています。電話番号は自社専用、郵便や来客時の対応などを行ってくれて、Wi-Fiの利用も可能です。この方法で相当の固定費節約ができました。

東京都三鷹市はかなり前からシニアも含む市民のSOHOや起業支援に熱心で、コワーキングスペースやパイロットオフィスを用意し、コーディネーターが無料で相談に乗っています。東京都小金井市にも同様の支援を行っている「東小金井事業創造センターKO-TO（コート）」があります。

コワーキングスペースは公的、民間を問わず、各地に次々とオープンしています。**メリットは活動場所の確保だけでなく、同じ起業家仲間との交流**です。1人起業は孤独なものですが、そこに行けば、顔なじみのメンバーと会えて、情報交換や助言をしあえます。これがどれだけ精神的な助けになるか、独立してみればわかります。**自宅での〝ひきこもり起業家〟になるのではなく、外での交流も心がけましょう。**

スマホとパソコンがあれば仕事ができる時代なので、フリーランスのためにインターネットを利用した仕事のマッチングシステムも存在します。「ランサーズ」は比較的若い世代の利用が多いようですが、就労の項で紹介した「ビザスク」はシニアも使えるシステムです。ほかには、〝町の専門家を探せる〟を謳い文句にして全国展開している「マイベストプロ」があります。全国2500名ほどの登録者のうち、全体の約3割はシニア層とのことでした。

資金調達が必要になったら

リタイア後の起業で借金はおすすめできません。しかし、どうしても融資が必要という事態も考えられるので、シニア向けの融資や補助金・助成金の知識も知っておきましょう。

創業時の資金の調達先としてまず思い浮かぶのは、政府系金融機関の日本政策金融公庫です。**「シニア起業家支援資金」**は55歳以上で、新たに事業を始めるか、事業開始後おおむね7年以内の人に有利な利率で融資するもの。融資限度額は7200万円（うち運転資金4800万円）、返済期間は設備資金で20年、運転資金は7年となっています。

国民の事業活動を支援する金融機関ではありますが、忘れてならないのは、**借金に変わりはない**ということです。借金は必ず返済しなければなりません。また、公的機関とはいえ、返済が滞った時の取り立ては他の金融機関となんら変わりがないということも心得ておくことです。

助成金と補助金の活用も

返済の必要のない支援策としては、**助成金**と**補助金**があります。どちらも国や地方自治体が支給しています。有難い制度の割にはあまり知られてなく、利用者も情報を知っている一部の人たちに限られているので、条件が合えばトライする価値があります。

助成金と補助金の違いですが、**要件を満たせば支給されるのが助成金、審査を経た上で通れば支給されるのが補助金**です。もちろん、どちらも事業計画書の提出は必須です。また、支給されるのは事業の終了後なので、支給された資金を元に事業に取り掛かろうという考えは成り立ちません。やはり起業にはある程度、自前の創業資金や運転資金を用意する必要があるということです。

中小企業庁が中小企業や小規模事業者のサポートを行うために運営しているポータルサイト「**ミラサポ**」では、募集中の補助金や助成金の詳しい内容を知ることができます。会員登録すれば電子申請も可能です。

厚生労働省には「中途採用等支援助成金（生涯現役起業支援コース）」があります。これは中高年齢者（40歳以上）で起業を予定している人と、事業を開始して間もない法人事業主や個人事業主を対象にしたものです。条件は、起業した上で、中高年齢者層を雇用すること。60歳以上の人を雇うと有利になります。募集・採用や教育訓練にかかる費用の一部が助成対象となります。中高年が中高年を支えるための助成金と言えるでしょう。

各地の自治体でも独自にシニア起業家への支援に力を入れているところがある

ので、調べてみることをおすすめします。

資金調達方法として、利用が伸びているのが「**クラウドファンディング**」です。クラウドファンディングとはインターネットの専用サイトで自分の活動や夢を発信し、その想いに共感した人や活動を応援したいと思った人が資金を提供する仕組みです。ソーシャルレンディングともいわれ、地域活性化や途上国支援、商品開発など幅広い提案がなされています。昔からある募金のネット版です。

市民基金を募るという方法は以前からありました。例えば、埼玉県深谷市にある市民映画館「深谷シネマ」は、住民のシニア世代が市民のための映画館を作りたいと、1口千円の基金を募ってできた施設です。賛同する市民などから300万円ほどの資金が集まりスタートしました。ネットを使うクラウドファンディングは、さらに幅広く募ることができます。

クラウドファンディングには投資型、融資型、購入型、寄付型があり、日本では、**金額に応じて謝礼（リターン）を提供する購入型が最も多い**ようです。事業者としては、日本でいち早く活動を始めた「READYFOR」や「CAMPFIRE」、地域特化型の「FAAVO」、新聞社やIT企業が運営する「A-port」に「Makuake」などがあります。

「FAAVO」には最近、宮崎県の60代女性たちの企画が登場しました。テーマは「限界集落を救え！ 里山のおばあちゃん達が活躍するカフェをつくりたい！」。100万円の目標額に対して、151人から148万円が集まったそうです。「地産地消弁当」や特産品のシイタケなどがリターンとして寄付者に送られました。

個人で寄付を集めるのは難しいことですが、クラウドファンディングを使えば、効果的に効率よく集めることができます。事業者それぞれに特徴があるので、よく相談して自分の事業や製品に適したファンディングサイトを選びましょう。アイデアのあるシニア世代なら大いに活用すべきシステムです。

12. 地域社会を支えるコミュニティビジネス

生きがいと報酬の一石二鳥

仕事の見つけ方の説明も最後の項になりました。もう一度、124ページの「定年後の働き方」チャートを見てください。

ここでの話は「仕事はしない」の部分が中心になります。〝仕事ではないが、仕事になる〟という不可思議ではありながらも、生涯現役を目指すシニア世代に適した働き方と活動方法の話です。

趣味や特技は極めれば、教えることにもつながり、十分に仕事になることは、起業の最初の部分で説明しました。地域社会にはその趣味や得意技を興味を持った人に教えたり、知恵や体力を提供するボランティア活動があります。

ボランティアは無償の奉仕活動と思われていますが、今ではお金をいただいて行う**有償ボランティア**も増えています。「それではボランティアではない」といわれそうですが、ボランティアの考え方も変わってきました。従来のボランティアは、時間とお金に余裕があり、高い社会貢献意識を持った人が行う慈善活動のイメージが強いものでした。

しかし、誰もが自分のできることで活躍できる社会をつくるという考え方からいえば、ボランティアは余裕のある人だけのものではないはずです。さらに、奉仕の意識だけでは続かないこともあり、奉仕する側の能力アップやモチベーションの維持も必要だという考え方が登場しました。奉仕される側からも、無償では遠慮して言いにくいので、お金を出してもいいから希望に沿った活動を長く継続してほしいという意見が聞かれるようになっています。

とはいえ、どちらが正しいということではありません。**ボランティアをする人は無償だろうが、有償だろうが、自分に合った方法で始めればいい**のです。活動内容によっては、無償と有償が混在する場合もあります。

活動が活性化して仲間が増えると、お金の管理や組織の統制、活動計画などが必要になるので、**NPOやNGO**として法人化をめざすグループが出てきます。

NPOとは「Non-Profit Organization」の頭文字で、日本語では「非営利組織」と言います。非営利という言葉から、奉仕活動を行う無償ボランティア組織だと思われていた時もありました。さすがに今では認識が改まり、自立した組織として、活動費や運営費は自分たちで稼がなければならないということが理解されるようになっています。

NPO法人の資金源は、会員からの会費、自前の事業収入、寄付金、そして、助成金や補助金です。寄付金、助成金や補助金は常時あるとは限らないので、必要なのはやはり自前の事業です。各種活動でいただく参加費や担当費などが収入となります。

ちなみに、非政府組織といわれるNGOは「Non-Governmental Organization」のことで、国境や民族、宗教の違いを乗り越えた活動を行いますが、考え方や運営方法はNPOと同じです。

1円でもお金をいただくことになれば、その活動は**コミュニティビジネス、ソーシャルビジネス、社会貢献的起業**の部類に入ります。チャート図の点線矢印が「ボランティア」から「社会貢献」に向かい、さらに「コミュニティビジネス」へと発展しているのはそういう意味です。

地域での活動例として、一人暮らしの高齢者や要介護の方々の日常的な身の回りのお世話、介護保険では担当できない家事や外出などの手助けをするNPOが増えてきました。宮城県仙台市の「NPO法人シニアサロン井戸端会議」、東京都足立区の「NPO法人足立ほがらかネットワーク」、滋賀県米原市の「大野木長寿村まちづくり会」では日々の困りごとを1時間数百円程度で受ける活動を行っています。

いずれも活動メンバーは60代以上のシニア世代。収益が会の運営費となるのはもちろん、担当したメンバーには報酬が支払われます。利用料を安く設定しているので収入は多くありませんが、地域に役立つことで活動して、社会を支えています。**何よりも活動する人たちにとって、この活動が喜びや生きがいになっている**ことは間違いありません。

もうひとつ、コミュニティビジネスで多いのは「**コミュニティカフェ**」の運営です。自宅を開放する「住み開き」、公民館などの公的施設を利用するカフェ、常設のカフェなどいろいろとあり、対象も様々です。子供とその親が中心の「子ども食堂」、地域住民やお年寄りのためのカフェ、認知症の人や家族と介護の専門職などが集い語り合える「認知症カフェ」、がん患者とその家族のためのカフェなど、運営者の関心によりさまざまです。

「**全国コミュニティカフェ・ネットワーク**」のウェブサイトには、全国にあるコミュニティカフェのリストが掲載してあります。コミュニティカフェを開きたい人のために運営の仕方や提供する飲食の価格設定などの講座を開催し、関連あるイベントやフォーラム、シンポジウムなどの情報も紹介しています。

地域で活動していると、自治体とのつながりも生まれます。地域社会には問題が山積みで、自治体だけでは手が回らない住民サービスがたくさんあります。その部分を委託する指定管理者制度や、経験と能力とやる気のある市民と一緒に行う協働事業を進めています。コミュニティビジネスを行う市民団体やＮＰＯ法人などはまさにその担い手なのです。

多くの自治体で、老人施設や公民館、図書館など公共施設の企画・運営をNPO法人や一般社団法人に委託しています。自治体の担当者から声がかかって、直接、頼まれることもありますが、多くの協働事業は公募ですので、どの団体にもチャンスはあります。ただ、個人での応募はできないので、NPOなどの法人化をしておく必要があります。募集のお知らせは行政や自治体の公報、ホームページなどに掲載されます。

地域に限定しないボランティアもあります。**トラベルボランティア**や**トラベルヘルパー**と呼ばれる活動は、車椅子の障がい者や高齢者の旅に同行してお世話をするボランティアです。これには無償と有償（旅費の一部分または全額を利用者が負担）があります。旅好きのシニア世代には関心の高いボランティアで、資格講座を開催して認定しているNPO（あ・える倶楽部、ジャパン・トラベルボランティア・

ネットワークなど）もあります。最近は大手旅行社も障がい者や超高齢者向けのツアーを積極的に展開しており、今後、需要が伸びるのではないでしょうか。また、東京オリンピック・パラリンピックや大阪万博が開催されることも追い風になるでしょう。

JICA（国際協力機構）が行っている**海外シニア協力隊**も有償ボランティアの一種といえます。報酬はありませんが、現地への渡航費、現地での家賃と生活費などはすべて支給されます。報酬に関係なく、途上国支援に携わりたいシニア世代の関心が高い活動です。

NPOから株式会社へ

コミュニティビジネスは利益第一主義ではないと書きましたが、NPO法人から始まり、株式会社にしてしまった人たちがいます。群馬県桐生市の清水宏康《しみずひろやす》さんは定年後、高校の同窓生と桐生のまちに賑わいを取り戻したいと、**町おこしのためのNPO法人「桐生再生」**を立ち上げました。行政の関心も高く、活動が軌道に乗ると、次の活動を日指して株式会社に衣替えしました。この活動は第5章で事例として紹介しています。

車が大好きで、定年後は車を使った社会貢献ができないかと考えていた荒木正人《あらきまさと》さんは、市民でも運輸局の認可を受ければできる**介護タクシー**という制度があることを知りました。活動に必要な資格などを取り、住まいのある地域で活動を始めると、そのうちリピーターが増えて一人では回せなくなりました。そこで同年代の仲間を誘うと、活動はますます発展。仲間を社員として雇う形で、株式会社へ変更したのです。

ユニークなのは、群馬県前橋市の草むしり専門「**株式会社草むしり**」です。草むしりはNPOやシルバー人材センターなどが手掛けるボランティア的な活動のイメージがありますが、それを事業化したのです。社員は定年退職者などが多いそうですが、地域貢献をしている気分でいながら、報酬をもらえるという満足感は大きいのではないでしょうか。

同じ発想での女性版もあります。**「東京かあさん」**は〝おかあさんができることは何でも頼んでOK〟というキャッチフレーズで、掃除・洗濯、料理、子育てヘルプ、収納整理、アイロンがけ、買い物代行など、家事に関する仕事を引き受ける事業です。メンバーは60代、70代のベテラン主婦で、利用者は小さい子供のいる主婦、一人暮らしの男性などが多いとか。いわゆる家事代行サービスとは違い、近所にもうひとりのお母さんがいるという発想の事業だそうです。

見渡せば、不便なこと、足りないこと、できないのでお願いしたいことを抱えた人はたくさんいます。そう考えると、**地域社会はコミュニティビジネスの宝庫**

だと思えてきます。

生涯現役を目指すシニア世代が中心になって活動している「ＮＰＯ法人新現役ネット」は**東京都内に事務所を開設1年未満または開設を予定しているシニア創業者を対象とした事業融資制度**を創設しました。事業例として、地域でのミニ野菜工場・屋上農園・ファーマーズマーケットなどの立ち上げ、地域のお年寄りへの食事サービス、買い物代行や付き添いなどのサービス業を挙げています。まさにコミュニティビジネスへの支援です。都内の信用金庫・信用組合と提携し、市民活動家に低金利・無担保の融資と経営サポートも行うとのことです。

大阪府池田市は高齢者の活躍を応援する「**アクティブシニア応援基金**」を創設しました。高齢者の活躍を促す民間のアイデアに助成金を支給するもので、老人会やＮＰＯ法人などの民間団体が対象となっています。

日本財団が運営する公益事業コミュニティサイト「**CANPAN**」には、ＮＰＯなどの公益活動団体が応募できる「助成制度一覧」が掲載してあります。

トヨタ財団、大和ハウス工業など社会貢献に熱心な大企業から各種財団など、多くの支援プロジェクトが掲載されているので必見です。自分たちの活動に該当する助成金がないかどうか、チェックしてみましょう。

プロボノという仕組みもあります。NPOや市民活動組織は人材不足やスキル不足で実現できないことがたくさんあります。そうしたNPOや市民団体のために、主に現役世代が職業で得た自分のスキルを提供するボランティアのことです。これも無償、有償があります。この活動を通じて、若い世代との多世代の交流が始まれば、社会貢献活動はさらに充実したものになっていくでしょう。

第3章のまとめ

・シニアが働く理由の第一位は「収入がほしいから」だが、自分の生活資金を見極め、それに沿った働き方を選択することが大切。
・厚労省が試算した「2000万円」はあくまで平均値。自分の家はどうかが肝心。一度はわが家の資産や貯金などを把握しておくこと。
・シニア世代の働き方は、パート・アルバイトから起業までさまざま。生活資金と健康状態、意欲・意志を判断材料に、自分に合った働き方を選択しよう。
・ハローワークではキャリアコンサルタントの指導を活用しよう。
・シルバー人材センターの主な目的は生きがいや健康づくり。稼ぐことではない。
・自治体にも就労支援がある。身近な場所に関心を持てば就業の可能性は広がる。
・民間の求人サービスは、種類と数、多様性の点で優れている。
・企業がシニア世代に求めるものは即戦力。

・仕事への取り組み方とコミュニケーション能力も大事。
・シニア世代が新たな仕事に就くためには学び直しが必要。国や自治体、大学などが提供している講座を利用してスキルアップしよう。
・定年後の資格は、自分が何をしたいのかの方向を定めた上で、取得の難易度と、それで稼げるようになるまでに必要な時間を考えて挑戦しよう。
・起業には、会社を作る「起業」と、個人事業主／フリーランスとして働く「起業」の二種類がある。
・無理をしない「生きがい起業」は、自分次第でいつまでも続けることができる。
・業界が飽和状態でも、既存のサービス内容にひと味加えることで起業できる。
・多くの人が目を留めないニッチ市場にこそ、チャンスがある。
・最初はいろいろやってみて、その中からこれぞと思う仕事に絞るのがいい。
・有償ボランティアから発展して、社会貢献的起業に至るケースもある。
・地域に役立つことで活動して、社会を支えることが喜びや生きがいにつながる。

第4章

シニア女性の働き方

1．自分の定年、夫の定年

女性の定年退職者は増えていく

女性にとって、定年とはなんでしょう。女性の場合は二通りの状況を考える必要があります。**一つは自分自身の定年、二つ目は夫の定年**です。

しかし、一般的に定年といえば男性のことという認識があるようです。ある団体から「女性にとっての定年後」というテーマの講演依頼がきたことがありました。いよいよ働く女性の定年後にも関心が高くなってきたか、と喜んで受けたのですが、よく聞いてみると、夫の定年を妻はどのように迎え、生活の変化にどう対応するかという内容でした。それももちろん大事なことですが、少々がっかりだったのも事実です。

夫の定年は妻にとっての重大事です。しかし、**働く女性が多くなった現在、自らの定年後に思い悩む女性がいて、今後、そうした女性が増えることは見逃せない社会的課題になる**ということにも気づいてほしかったのです。

定年を迎える女性の悩みは男性とそれほど大きな違いはありません。１９８６年に男女雇用機会均等法が施行され、採用や定年、職場での待遇に関する女性差別は禁止されました。しかし、現時点で60代、70代の女性はその前に就職しているることもあり、均等法の恩恵にさほど浴することなく、男性優位社会の中で、女だからと言われたくない、負けたくないと頑張ってきました。その結果、役職や給与の差は依然としてあるものの、職場で信頼と立ち位置を築いた人がたくさんいます。**そのやりがいや地位は定年とともになくなってしまいます。**女性であっても、それを埋めるものが必要です。

長年働き、スキルと経験を身につけてキャリアのある女性たちはそれなりに自信もプライドもあるので、再就職では今までの職業経験を生かせるような職場を希望します。しかし、男性よりもさらに厳しい状況を実感します。

シニア女性の求人は案外たくさんあると言われても、今までとまったく違う職種や気の進まない仕事への転身は望みません。そこで、仕事人生はこれで終わりと決め込んで、無理をせず好きなように生きていきたいと思う人が多いように見えます。厚生年金にプラスして企業年金がある大企業などに勤めていた人は、差し当たっての生活費に困ることがなければ、無理に仕事につこうとはしません。

そんな**女性たちはもともと能力があるので、仕事に代わる生きがいを見つけることに長けています**。割り切り方は早く、趣味やボランティアなどの社会貢献活動に生きがいと活路を見出し、それが新たな仕事に結びつくこともあります。

いっぽう、大企業とは違って、人手不足が深刻な小規模企業は仕事の要になっているベテラン女性社員を手放したくありません。特に経理などの高度な知識と経験が必要な職種の女性は、定年にかかわらず継続して勤務することが多いようです。私の知人も70歳を過ぎても、会社に頼りにされながら働いています。

働くか否かは、経済状況と自分以外の働き手がいるかどうかによっても違ってきます。結婚したら家庭に入るのが普通だった時代には、民間企業で仕事を辞めずに定年まで勤めあげた女性の多くは独身でした。**夫や子供がいないおひとり様女性は、働いて定年後の生活資金を稼ぐことは当然ですが、人や社会とのつながりを保つことがより重要になります。**

定年後の女性たちの中には、知人や仕事仲間からの紹介やアドバイスを受けて、それなりに納得できる仕事や活動を見つけた人が結構います。女性はどんなに忙しくても、友人や家族と食事や娯楽などを楽しみ、旅に出かけ、趣味を共有するなど、人間関係を築いていています。日頃の交流の中で、まだ働きたい、働く意欲があることを表明しておくと、回りまわって、求人や仕事の情報がくることがあるようです。人脈を通して仕事を見つけた人は意外に多く、今までの付き合いは決して無駄ではなかったということでしょう。

いっぽう、キャリアにはこだわらずに、興味のある販売・サービス業や、家族との関係で関心のある介護職、子育て事業などを選んで、新たな生きがいとして働きだす人もいます。**気配りのできるシニア女性への求人はそれなりにあるので、過度なこだわりを捨て柔軟な考え方をすれば、60代ではほとんどの女性が仕事を見つけることができるでしょう。**私も、仕事がなくなって生活に困るような事態に陥ったら、採用されやすそうなコンビニかファストフードか、近所の商店か、老人施設などで働けばいいと腹をくくっています。

女性の定年退職者を活用する仕組みも

ところで、女性の定年退職者はどのくらいいるのでしょうか。厚生労働省「雇用動向調査」によると、団塊世代の女性たちが60歳に達した2007年には約7万2千人。同世代の離職女性の約70%が定年を理由に離職しており、男性定年退職者の3割に達しています。この年は55歳で定年退職した女性も5万人ほどいました。男性よりも早く女性の定年を設定していた会社もあったので、その名残りかもしれません。

その後、60歳以降の女性の定年退職者数は7万から9万人で推移し、2009年には10万人に達しました。現時点で最新データの2017年では7万9千人で、やはり男性の3割ほどです。意外に多いという感じではないでしょうか。

男女雇用機会均等法の施行から30年以上が経ち、結婚・出産で辞める女性は減りました。また、女性管理職の登用も進み、今後は多くの女性たちが定年まで働くことになるでしょう。転職もあるので、同じ会社で定年まで働くとは限らないにしても、定年を迎える女性が増えることは間違いありません。

ただ、**働きたいと思っていて、能力も経験もあるシニア女性を定年後に活用す**

る機会や仕組みはほとんどありません。人手不足の日本でもったいない人材はシニア男性だけではないのです。

2. ダブルインカムシニア夫婦が増える！

シニア主婦層の働く意欲は高い

夫が定年になる専業主婦と夫も自身も定年を迎える人がいますが、どちらにしても、夫の定年は妻にとって重大事です。大多数の妻は夫にこれからも働いてほしいと思っています。一番の理由は言うまでもなく、ゆとりある生活をしたいこと、老後資金をできるだけ確保したいことにあります。夫が常時家にいて何かと煩わしい状態になり、束縛されるのを避けたいというのも正直なところです。

専業主婦の子育ては夫の定年よりも早く終わっていて、友人たちや地域社会の人々と交流を重ね、夫の扶養家族手当ての範囲内でのパートやアルバイトなどもすでに体験済みです。できれば、これからも今までのような交流を続け、無理のない範囲で稼ぎたいと思っています。いわゆるキャリア女性ほどのこだわりを持たず、生活費を補充したり、楽しみのための資金を稼ぐというシンプルな考え方をする人は、軽々と行動します。そんな**シニア主婦層は、労働力不足の日本では貴重な戦力となります。**

主婦に特化した人材サービス「しゅふＪＯＢ」が実施したアンケート調査では、「65歳を超えて働きたいと思いますか」という問いに、半数以上が「思う」と答え、30代以下よりも50代以上のほうが多いほどでした。

総務省統計局の労働力調査によれば、２０１４年4～6月の「共働きシニア」（農林業を除く）は66万世帯となり、妻が65歳以上のシニア夫婦の8世帯に1世帯になっています。この世代は専業主婦が多かったので、夫の現役時代に仕事をしていた人は少なかったはずです。しかし、**夫の定年を機に、長いブランクをものと**

共働きにメリットを感じる高齢者の割合とその内訳（出典：ワタミタクショク）

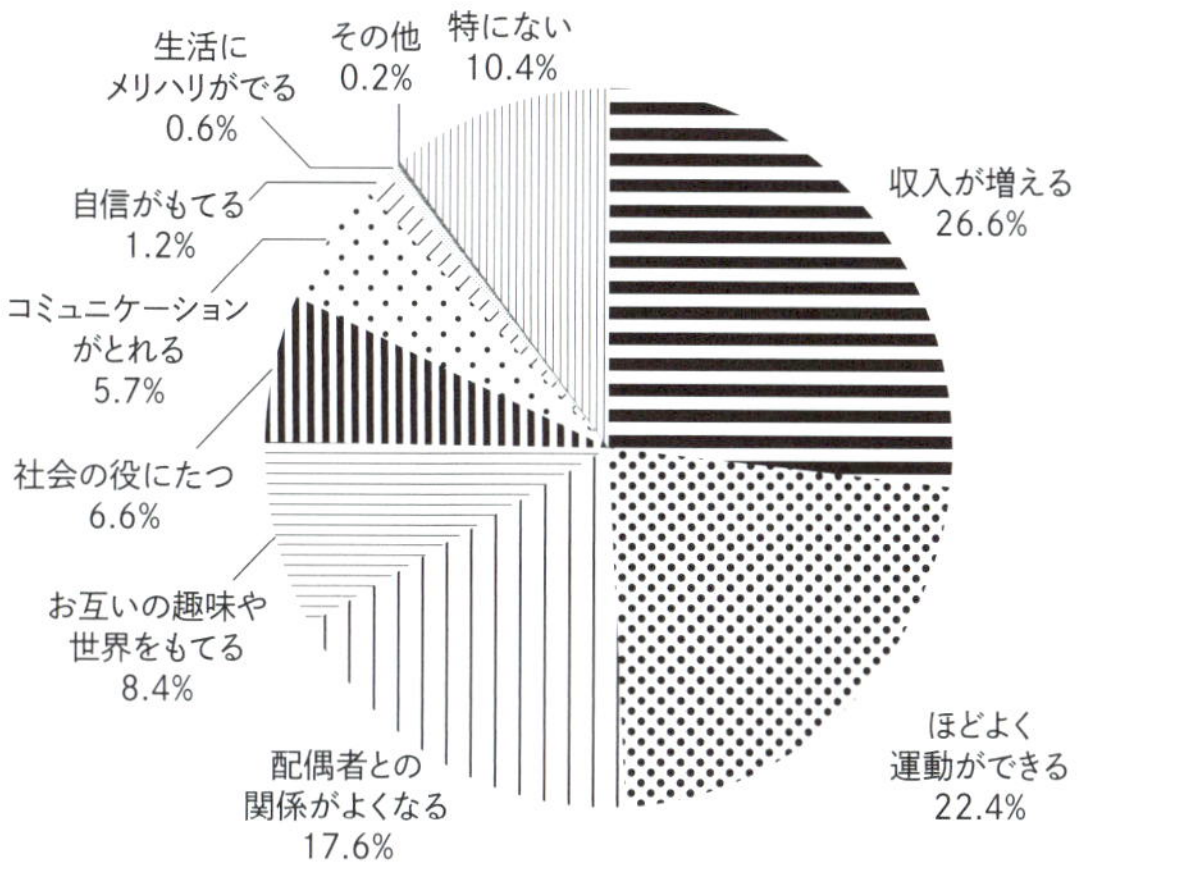

もせずに働き始める妻たちがいるということです。

共働きの理由で最も多いのは「収入が増える」ですが、「生活にメリハリがでる」「お互いの趣味や世界を持てる」と、金銭的な問題だけではないことがわかります。**女性にも生きがいや社会とのつながりが必要なのです。**

働く喜びを味わいたい女性たち

私はある日、読売新聞に掲載された68

歳女性の投稿を読んで感動しました。それは、こんな内容でした。

「仕事を辞めてしばらくたつ。新聞の折り込みチラシを見ていたら、求人募集の広告に目がとまった。そこは、ずいぶん前にパートで働いたことがある会社の敷地内の協力会社だった。懐かしくて、2日ほどこのチラシを眺めていた。シニアでも採用してくれるというので、会社に出向くと採用してもらえた。敷地を見渡すと、働いていた頃の記憶がよみがえり、しばし感慨にひたった。仕事は、ギフト用の高級ビールの箱詰め作業で、初日で、昔の甘酸っぱい感傷は吹き飛んだ。でも、こうして働けるのもご縁。しっかり働いて、週末には美味しいビールを味わいたい（抜粋）」

この投稿には、採用された喜び、仕事に向かう意欲、職場での緊張感、働けることへの満足感と感謝の気持ちなど、働くことの意味すべてが入っています。歳をとっても働けること、自分をまだ必要としてくれる場所があること。それがどんなに幸せなことかをこの投稿から知ることができます。

以前、「私が仕事をしたいというと、『お母さんはもう、そんな苦労をしなくていいじゃないか。お金に困っているわけじゃないし、人目もあるし、家で好きなことをしていれば』と、夫が反対するんです」と話していた女性がいました。妻が働くことへのハードルは実は夫だったという場合もあるようです。

今では、そんな夫は少数派です。むしろ、妻が働くことは歓迎という傾向になりつつあると思います。**これからは定年後の夫婦共稼ぎが普通になります。**日本には「ダブルインカムシニア夫婦」の時代が訪れるのです。

3.「貧乏ばあさん」にならないために

収入が低い女性は年金も乏しい

働く理由で最も多いのは収入のためでした。働く喜びはあるにしても、先ごろ2000万円問題が話題になったように、年金だけでは暮らせないというのは紛れもない事実。**一般に女性は男性よりも長生きですから、さらにお金が必要です。**わがよき人生を全うするためにはお金の知識を身に着け、準備をしておくことも大切です。

「NPO法人高齢社会をよくする女性の会」理事長で、評論家の樋口恵子《ひぐちけいこ》さんはかなり前から、「女性は働いても収入が少なく年金も乏しいので、21世紀はうっかりすると、近頃私が『ＢＢ』と呼ぶ、貧乏ばあさんが大量に発生しかねません」と、ユーモアを交えて語っていました。しかし、その根拠はユーモアどころではなく、かなり現実的で深刻です。

・専業主婦は、自分自身の貯蓄や資産が少ない
・年金、健康保険などの社会保障費は夫の収入によって決まる
・就職しても男性よりも低賃金だったので、社会保障水準が低い
・結婚、出産、夫の転勤、親の介護などで離職が多い
・復帰できてもブランクが長く、再就職が難しい。再訓練が必要
・高齢になると、働きたくても働き口がない
・夫の死後は遺族年金頼み

男性よりも低賃金ということは、つまり、年金支給額も少ないということです。

40年間働いた女性の年金支給額の平均は月15万円ほどと言われています。女性の場合は家庭の事情で退職する人が多く、再就職すると、さらに低い給与から始まることがあるので、15万円を手にする人は少ないと思われます。ちなみに、平均的なサラリーマンの夫と専業主婦の二人世帯の年金支給額は月額約22万円です。

現在、老齢厚生年金の支給は女性のほうが早く始まるようになっています。これは男性に比べて賃金が低く抑えられていたことを考慮しての措置です。しかし、昭和41年4月2日以降生まれの女性からはその優遇措置もなくなります。

年金が少なく、ほかに支える人のいないシングル女性は深刻です。

厚生労働省の調査によれば、収入が公的年金のみの人の63%は女性で、そのうち57%の年金は100万円未満。所得格差を示す指標の一つである相対的貧困率は、日本の高齢者が19・4%で、経済協力開発機構（OECD）加盟国の平均を上回っています。生活保護の支給額は12万円ほどですが、もっと少ない年金で暮らしている人がたくさんいるのです。

働くハッピーばあさんになろう

夫婦の場合は、それぞれの年金を合算して暮らせるので大丈夫と思うかもしれませんが、夫が亡くなった後はどうなるか。家計の担い手が亡くなった場合は、残された家族に「遺族年金」が支給されます。しかし、**妻が働いた経験があり、厚生年金を受給している場合は、夫の遺族厚生年金を全額受け取ることはできません。**夫の老齢厚生年金の4分の3から自分の年金額を引いた金額になります。縁起でもないことですが、いくらになるか、今から計算しておいたほうがいいかもしれません。

ただし、専業主婦の場合は高齢期を迎えてから仕事を探すのは難しいということで、全額受け取れることになっています。しかし、高齢女性の仕事探しが難しいのは専業主婦に限りません。働いて年金保険を払ってきた女性に厳しいような気がするのは私だけでしょうか。

樋口さんが唱えだした頃に比べれば、高齢者の働く事情もずいぶん違ってきました。シニア世代が能力や知恵を発揮できる機会は増えています。昔ならお呼びでなかった世代が期待されるのですから、考えてみれば幸せなことです。樋口さんも「**貧乏ばあさん（BB）から働くハッピーばあさん（HB）へ**」転換しようと言っています。それが可能な時代がきたのです。

4. 働く女性が増えるには

働きたいなら最低限のビジネスマナーを

厚生労働省の平成28年度版「働く女性の実情」によれば、2016年の女性の労働力率は5割を超えました。15歳以上の女性の半数以上が働いているということです。男性の労働力率7割に比べればまだ少ないとはいえ、全労働力人口の4割以上を占めています。しかも、10年前に比べて上昇率が最も大きかったのは「60~64歳」の女性です。健康寿命も伸びるので、**働く意欲を持つシニア女性はまだまだ増える**と言われています。

いっぽうで、「いつまで働かなければならないでしょうか」と質問されることがよくあります。私の答えは「働けるうちは働けばいいのではないですか」です。働くことに対して悲壮感を持ちがちですが、ものは考えようです。働くことは健康の維持に役立ち、孤立せずにすみ、新しい世界が広がり、友人ができて、楽しみも増します。そして、お金が入ります。くよくよ悩むより、「よく働き、よく遊ぶシニア」を目指したほうが得です。

しかし、ブランクが長い人、あまり働いた経験がない人は、これから働くことに不安があるのは当然です。特に、**あまりビジネス社会と接点がなかった人は、最低限のビジネスマナーやルール、仕事への心構えを身につける必要があります。**

私の知人は、データ入力など家でできる仕事を主婦に斡旋する会社を運営していました。ある登録者に仕事を依頼したところ、納期には遅れるし、仕事の内容も雑。これでは約束した報酬は払えないと伝えました。すると、「私は一生懸命やった。それなのに、報酬を払ってくれない」と仲間に広められたそうです。求められた結果を達成しないと報酬には結びつかない、一生懸命やったからというだけでお金にはならないというビジネスの現場では当たり前のことが、いくら説明してもわかってもらえなかったと言っていました。

働きたいなら、ビジネスの常識やルールを知ることは不可欠です。最近は、派遣前にブランクを埋めるための準備講座を開催している派遣会社もあります。よい機会と思って受講することをおすすめします。

企業がシニア社員に求めるのは即戦力です。若い世代に対するように、今から費用と時間を使って育てようとは思っていません。そして、年齢を重ねた社員に期待するのは、社内や若い世代によい影響力を与えること、人間関係の潤滑油としての役割だということも理解しましょう。職場で好感や尊敬をもって受け入れられるような大人の対応が大事です。

最近は**一度現場を離れた人を、復活させる試み**も出てきました。人手不足が深刻な保育業界で、保育士免許を持つ経験豊かな世代を再雇用しようとする自治体もあります。前に紹介したように、孫ができたことで保育に関心を持ち、これから資格を取って、若い世代のサポートをしたいと思う人も増えてきました。

同じ考え方は、団塊世代などのベテラン教師が大量に退職し、教師不足に悩む小中学校などの教育界にもあります。代わりの講師が見つからず、育児や介護の休業を我慢している教員のために、退職した教員を講師として復帰させようとする動きです。教員免許の有効期限が切れていることもあるとして、退職後の免許更新への配慮も考えているそうです。

シニア女性の働く分野が広がる

さて、女性はどんな仕事をしているのでしょうか。女性の比率が50％以上を占めるのは「医療、福祉」、「宿泊業、飲食サービス業」、「生活関連サービス業、娯

楽業」、「教育、学習支援業」、「金融業、保険業」、「卸売業、小売業」です。

世の中が変化しているので、シニア女性の働く分野も広がっていくでしょう。そういう意味で、**自分から積極的に動き、探しにいくことも必要**です。各地の自治体が行っているシニア専門の紹介所、例えば、東京であれば東京仕事サポートセンターのようなところに行ってみるとか、民間の人材紹介会社やネットの求人情報をチェックしてみましょう。専門性が高いキャリア志向の人にはパソナ「マスターズ人材サービス」などもあります。インターネットで探す人も増えています。

仕事の面白さや満足感は、ただ時間をやり過ごすのと、自分なりに工夫を重ねて働こうというのとではまったく違ってきます。そのためにも、**どんな仕事をしたいか、自分に向いている仕事は何かを考えてから仕事探しにかかることは大切です。**自分の意識が変わることで、見える状況が変わってきます。

社会がどう動いているかにも敏感になりましょう。例えば、今は衣料や家具、雑貨などのリユース市場が活性化しています。そうした業界では、着物などの特定分野を熟知したベテランのシニアスタッフが活躍しています。シニア女性の特質を生かした仕事は増えると思われます。

キャリア女性たちが活躍できる機会はないものでしょうか。最近は、社外取締役を選任する会社が増え、特に、**女性の社外取締役が不足している**と聞きました。何社もかけ持ちしている人もいるそうです。

ある顧問派遣会社のサイトを見ていたら、「女性社外取締役候補者」というページを見つけました。大手企業の元部長職以上と思われる女性たちがリストアップされていました。ぜひ、このリストから活躍する女性が出てほしいと願います。企業で上級管理職を経験した人はまだ多くはありません。稀な人材なのですから、彼女たちがさらに活躍して、後輩に道を開いてほしいと思います。

自分から仕事を作り出し、起業する女性たちもいます。宇治茶の産地・京都には、「社会人キャリアアップ推進事業」の起業家養成講座で意気投合し、お茶を使った特産品でまちおこしに貢献したいと活動する60代以上の主婦グループがいます。今では多くのコンテストで受賞した「お茶の佃煮」やお茶のふりかけ、抹茶・ほうじ茶プリンなどのお茶グルメを全国的に展開し、地元を盛り上げています。こうした女性目線の起業は各地にあり、女性の働く場を増やしています。

介護との両立がキモ

この世代の女性の状況で外せないのは、**親の介護**です。60代であれば80代・90代の親が存命という人はたくさんいます。あるいは、早くも夫の介護に直面している人もいるかもしれません。それでも、すでに働いているなら、辞めないことです。**辞めて介護に専念すれば家に閉じこもることになり、金銭的な面でも苦しくなります。**まずは会社に相談しましょう。同時に、住んでいる自治体の福祉担当窓口に行き、地域のサポート体制を確認して、サポート可能なことはすべてお願いします。自治体はそのために地域包括支援センターなどを設けて態勢を整えています。近所の親しい友人・知人には状況を話しておきます。そして、**周りの支援を受けながら、働き続ける**のです。それは恥ずかしいことでも、迷惑なことでもありません。お互い様なのです。

介護のために働けない人にも道はあります。得意分野や好きな分野で、家で仕事をするという方法です。最近の意欲的な子育てママたちを見習いましょう。彼女たちは自分の手作りの作品などをネットで販売したり、ネットでできる仕事を請け負ったりして、自宅で仕事をしています。実に、賢いやり方です。

シニア女性もこうした働き方の可能性にもっと関心を持つべきです。そして、働く意欲のあるシニア女性への国や社会の支援も求めていきましょう。年金をなるべく後払いにする方法を考えるよりも、働く機会の提供、賃金や待遇、環境を改善して、働く意欲のあるシニアを支援する政策を実行するほうが、どれだけ効果的かを知ってもらいたいと思います。

第4章のまとめ

・働く女性が増え、夫の定年に限らず自らの定年後に思い悩む女性が増えている。
・キャリア女性が定年後に仕事を見つけるのは、男性よりもさらに厳しく困難。
・夫や子供がいないおひとり様女性は、働いて定年後の生活資金を稼ぐことは当然ながら、人や社会とのつながりを保つことが重要。
・気配りのできるシニア女性への求人は少なくない。過度なこだわりを捨て柔軟な考え方をすれば、60代ではほとんどの女性が仕事を見つけることができる。
・女性は男性よりも長生きで、働いても収入が少なく年金も乏しいので「貧乏ばあさん」になりかねない。働いてハッピーになろう。
・ブランクが長い人は最低限のビジネスマナーやルールを身に着けることが必要。
・介護で仕事を辞めると金銭的にも苦しくなる。地域のサポートを利用するなど、周りの支援を受けながら働き続けよう。

第5章

こうして彼らは自分の仕事を見つけた

事例1

65歳からの再就職

再雇用期間に新しいスキルを身につける

定年後5年間の再雇用期間終了後も、フルタイムでの仕事を望む人は少なくないのに、ほとんどの人は実現できていません。齋藤昭男《さいとうあきお》さん（66歳）は希望に近い仕事を見つけることができた数少ない人です。

齋藤さんはプリンターやカメラなどの製造大手に勤務し、プリンター開発一筋の現役時代を過ごしてきました。日本で初めての民生用インクジェットプリンターを開発した7人のメンバーの1人でもあります。初めてのこともあり、あちこちで問題点が噴出するなど、仕事は多忙を極めました。それでも、仕事は面白かったと振り返ります。当時はほかにないものを生み出すという心意気があり、会社も相応の投資をしてくれました。社長賞を受賞したこともあります。あの時代に働けたこと、開発に携わることができたことは、大変幸せなことだったと感じています。

しかし、会社生活では50歳あたりで誰にでも大なり小なり変化が訪れます。価格に重きが置かれるようになり、新しい発想がなくなったと感じた齋藤さんは、物足りないと思うようになっていました。そこで、当時はまだ新しい技術だった産業用インクジェットプリンターの開発を行っている関連会社に出向し、新たな可能性に挑むことにしたのです。

しかし、結局、これはあまりうまくいかず、元の会社に戻ることになりました。その後は研究開発本部に所属し、60歳の定年をここで迎えました。そして、再雇用を選択。仲間もいることだし、これからのことはこの期間にじっくり考えようと思ったのです。

再雇用期間の役割はアドバイザーで、指示命令を出すことはできません。そのほかにはこれといったミッションがなく、「3か月もしたら、アドバイスすることなんか何もなくなってしまった」のです。

これはまずいと考え、自主的に職業訓練のようなことをやってみようと思いつきます。最初に取り組んだのはCAD。幸いにして、社内には使える道具やシステムが豊富にあります。時間もたっぷりあります。設計しては試作してという手順を繰り返し、スキルを身につけていきました。さらに、エクセルを使ったデータ整理の勉強にも取り組みました。齋藤さんは「会社には器材も学ぶ機会もある。やろうと思えばできるんです」と言います。

再雇用の5年間が終わりに近づいてきた頃、目に留まったのが「東京セカンドキャリア塾」。東京都が65歳からの生き方と働き方を支援するプログラムです。就職に役立つのではないかと早速応募し、10月から様々なスキルアップの講座で学習する日々が始まりました。その時点ではまだ再雇用終了の1か月前だったので、休暇を使いながら受講していました。

講座を受けながら、仕事探しも積極的に行いました。齋藤さんの方法は、とりあえずハローワークに通うこと。家に近いこと、技術的な仕事であることを条件に探したのですが、希望するような仕事はありませんでした。それでも、求人にはタイミングがあると聞いていたので、30分でも時間があれば、顔を出すことを日課にしていました。

そして、ある日、ついに見つけることができたのです。それはインプラントの設計開発担当者を求むという求人票。すぐに行動しないと決まってしまうので、急いで面接を申し込み、会社を訪問しました。すると、案の定、応募者はすでに何人も来ている様子。ところが、ここでラッキーなことが起こります。その会社に、以前出向していた会社で一緒に働いていた人が転職していたのです。

面接では社長から「もっと若いのがいいんだけど」という厳しい言葉を投げられました。それでも、具体的に何ができるかと問われたときは、CADの技術を持っていて、データをまとめるエクセルのスキルもあるとアピールしたのです。

結果は、めでたく採用。昔の同僚が押してくれたのではないか、それがなかったら、無理だったかもしれないと思うこともあります。しかし、再雇用期間に身に着けたCADやデータ分析のスキルがなければ、いくら社員が推薦しても採用されることはなかったはずです。齋藤さんは再雇用期間の努力が役に立ったと確信しました。

新しい仕事はインプラント用の歯や部品の開発。希望にぴったりではないにしても、大きくかけ離れた仕事ではないと満足しています。当面はここで頑張るつもりだと意欲的です。

しかし、齋藤さんにはまだあきらめきれない夢があります。それは、家庭に置ける小型の野菜工場というアイデアを生かした製品の開発。スマホと連動させ、育てている人が栄養や光の当て具合などを自慢しながら、情報交換や交流ができるシステムを世に出してみたいのです。まだ実現の目途は立っていないけれど、最終的な夢はそこにあります。技術者魂はまだ消えていないのです。

ワンポイント

ボーっと生きてんじゃないよ！

TVで話題の「ボーっと生きてんじゃないよ！」という言葉は、定年前後の人たちにも投げかけたい言葉です。齋藤さんが65歳で再就職先を見つけることができたのは、再雇用期間にめげることなく、腐ることなく、むしろ会社を利用して学び、自身のスキルアップにつなげた結果といえます。また、あきらめることなくハローワークに通ったおかげで、タイミングよくチャンスをものにすることができました。齋藤さんの努力が実を結んだのです。まさに、天は自ら助くる者を助く。長く仕事をしたかったら、現役時代も再雇用期間もボーっとしていてはだめなのです。

齋藤昭男さん

事例2

公務員から個人事業主に

公務員を早期退職、経験を生かして独立

永井章子《ながいあきこ》さん（60歳）は東京都足立区の公務員を57歳で早期退職。現在は、老人施設や保育園、障がい者施設などの第三者評価者として活動しています。

永井さんの実家は飲食店。旅行にも行けない日々を見ていたことから「仕事はサラリーマンがいい、女性が長く務めるなら、学校の先生か公務員だ」と考えていました。幸いにも東京都特別区の公務員試験に合格。親戚がいるので、希望勤務地に足立区と書いたら、すんなり採用されました。

最初の配属先は地域振興課。ちょうど足立区創設50周年と重なり、区歌を募集したり、お祭りや花火大会の企画などで多忙な時期。毎日残業が続き、体調を悪

くしたことがあったものの、仕事は充実していました。

その後、職員研修所、女性総合センター、高齢社会対策課、足立区社会福祉協議会事務局を経て、課長試験に合格。協働推進課長、住区推進課長として働き、こども家庭課、絆づくり担当課時代は部長級としての仕事を経験しました。その間、論文もせっせと書いていたそうです。

高齢社会対策課時代の30代には、区立の特別養護老人ホーム、デイサービスセンター、ケアハウスなどの開設と運営を担当。仕事を通じて、福祉施設の寮母や若手の同年代担当者たちと交流する機会が多くあり、後にこの経験と交流が退職後の仕事に役立つことになるのです。

協働推進課長時代には「団塊世代の地域回帰推進事業」を担当。先進的な取り組みとして、全国の首長が組織する団体から区が賞を受けたこともあります。順調な職業人生だったといえるのではないでしょうか。

しかし、永井さんの中には少しずつ違和感が生まれていました。あと10年で定年という頃には、病気をしたこともあって、その後の人生について考えるようになります。管理職になってからの主な仕事は組織管理。人とかかわることが好きな永井さんには、管理職としてのストレスや人間関係など重責の割に、現場で感じるようなやりがいを感じることができませんでした。もうやり切った、十分やらせていただいたという気持ちが強くなっていきました。

では、辞めてどうするのか。年金受給まではまだ数年あります。この時、あることが閃きました。社会福祉協議会時代にもらった名刺が気になっていたのです。そこには「福祉サービス第三者評価」という記載がありました。その時は、そういう仕事があるのかと思っただけだったのに、なぜか、その名刺を持ち続けていたのです。第三者評価の仕事なら、今までの仕事の経験を生かすことができるのではないか。

周りに相談すると、第三者評価の仕事では食べていけないと言われました。そこで、自分の資産状況をチェックしてみることにしました。こつこつと積み立ててきた個人年金や貯蓄がある。月々10万円ほど稼ぐことができれば、なんとかやっていけるのではないか。後は節約すればいい。お金は大事だけど、これからはやりがいのある仕事、自分のペースでできる仕事がしたい。そう決心して、役所を早期退職し、個人事業主として独立することにしたのです。

独立後は、あの気になる名刺の会社に所属し、「福祉サービス第三者評価者」として働く日々が始まりました。個人事業主は自由に仕事ができるので、保育園などの児童施設の評価を行うNPOを含め、数社掛け持ちで活動しています。

永井さんがこの仕事を面白いと思うのは、障がいのある人たちや保育園の子供たちと一緒にご飯を食べたり、園長や施設長に半日かけてヒアリングしたりと、様々な人たちと深く関わることができることです。福祉の経験があるので、責任者や担当者の心意気、苦しい内情まで理解することができます。そんな仕事はめったにありません。

報酬は様々です。ボランティア並みもあれば、1件10万円という時もあります。

東京都は保育園に3年に1回は評価を受けることを指導していて、その費用の2/3を補助金として出しています。評価を受けることが補助金をもらう条件になっていることもあり、仕事はそれなりにあるので、収入は一定程度確保できることも分かってきました。

評価の仕事は11月から2月までの3～4か月に集中するため、それ例外は比較的余裕のある時期です。そこで、2018年からは行政書士としての活動も開始しました。公務員は大卒で20年以上勤務していれば、試験を受けずに資格審査だけで行政書士の資格が取れます。しかし、資格を取ったからといって、すぐに仕事にはなりません。研修をしっかり受けながら、公証役場の遺言の立ち合い人や区内の成年後見連絡会の委員に加わるなど、少しずつ動き出しています。

悩んでいる人が多いということを実感したことで、今後は遺言や相続、終活と成年後見人を中心とした活動にも力を入れていくつもりです。永井さんは70過ぎまで働く自分の姿を想像できるようになりました。

ワンポイント

新たな可能性を探り出す

早期退職はリスキーかもしれませんが、永井さんは自分の経験や今後の生活資金などを検討し、熟考した末に決断しました。それができたのは、今までやってきたことと関連ある新しい仕事の存在を知っていたからです。世の中には無数の仕事があって、時代と共に消滅する仕事もあれば、新しく誕生したり、復活する仕事もあります。定年後の仕事も同じです。「新しい道に進んだことを1秒たりとも後悔したことはない」という永井さんの力強い言葉には、一生の仕事を見つけたことへの自信と覚悟が感じられました。

永井章子さん

事例3

仕事も社会貢献も
やりたいことを追求したらNPOがあった

大手オフィス機器メーカーのデザイナーだったという林賢《はやしけん》さん（66歳）。現役時代は、自社ショールームのデザインも手掛け、今の働き方改革に通じるようなワークスタイルを意識した未来志向の仕事をしていたそうです。定年後は会社の再雇用制度を1年ほど利用してから、親せきの食品会社に移り、ISO取得や内部監査の仕事を担当しました。しかし、あまりにもデザインの仕事とかけ離れていて、欲求不満が高じる日々。それも終えると、65歳以上の就労支援プログラム「東京キャリア・トライアル65」の紹介で、コンピュータシステム開発会社でインターンを経験することになりました。

この会社には定年退職後の大企業出身者たちが所属していて、現役時代の人脈を生かした営業代行の仕事を行っています。ここで、林さんはある提案を行いました。それは、食品の衛生管理規格であるハサップ（HACCP）のスマホアプリを開発すること。食品会社時代の経験から閃いたのです。東京五輪などの大きなイベントに向けて、厚生労働省と農林水産省は飲食店などの食品関連事業者にハサップに則って運営するようにと盛んに推奨しています。しかし、普及は進んでいません。そこで、手軽に使えるシステムなら売れるのではないかと考えました。

社長は興味を示し、開発を承諾してくれました。そこから利益が上がれば、成果報酬も出してくれるという話です。そのため、現在、会社とは個人事業主として契約し、週3日働いています。

この話は林さんにとっては別の意味でも朗報でした。林さんがやりたいことはあくまでもデザイン。最終的に、あなたは何をしてきた人かと問われた時、ハサップではなく、デザインをしてきた人と言いたい。ハサップの事業は資金稼ぎと位置づけ、生きがいであるデザインは別にやればいい。

実は、食品会社で悶々としていた頃、歳をとっても活動できるような器を作っておきたいと、NPOを設立していました。NPOは基本的に非営利でも、別事業として営利活動も可能です。

林さんが手がけているNPO活動は、目の見えない人と健常者が一緒に行う対話型のグループ芸術鑑賞です。きっかけは目の見えない人は世界をどうみているかというラジオ番組を聞いたこと。健常者が目の見えない人に説明をしながら一緒に絵画を鑑賞する「ソーシャルビュー」という方法を知りました。

興味を覚え、実践している人に会いに行きました。この人は交通事故で全盲になってから針灸を覚え、針灸サロンを作ったり、自分で考案した薬膳のレシピでパーティーを開催したり、目の見えない人たちが遊べるゲームを考えたりと、バイタリティーに溢れた人でした。

彼に連れられて初めてソーシャルビューを体験したのは横浜美術館。その後5

回ほど付き合うと、あなたはもう一人でできますよと言われました。それを期に、NPOの活動にすることにしたのです。

では、この活動はデザインとどういう関係があるのでしょう。林さんはこう言います。「デザインにはハードウェア、ソフトウェア、ユースウェアの3つが必要です。どんな人がどう使うのか、経年変化でどうなっていくのかを考えるのがユースウェアで、市民活動やまちづくりにも不可欠な要素。この活動では、対話ルールづくりや対話空間のデザインにトータルに関わることができます。これこそ、自分がずっとやっていける活動だと思いました」

NPOの主な活動は月1回の「ソーシャルアートビュー」。「ソーシャルビュー」に「アート」を足して造語し、登録商標を出願中です。ソーシャルアートビューでは目の見えない人、もしくは見えない役割の人が先に質問をします。いきなり説明されてもイメージするのは難しいからです。絵の大きさ、色、絵の印象などの会話をもとに、順番にイメージを組み立てていきます。複数で行うと、皆の感じるところが違うので、一人で見るよりもずっと深く見ることができます。

いっぽう、ハサップが資金になるのはまだ先の話。今は武蔵野市に申請した市民活動補助金を使って活動しています。個人の活動には補助金は出ないので、NPOにしておいたことが、ここでも役に立ちました。

林賢さん

課題は活動を多くの人に知ってもらい、参加者を増やすこと。東京都には目の不自由な人が28万人います。そこで、武蔵野市や三鷹市の市民活動家たちの勉強会や会合にせっせと足を運んで、協力を仰いでいます。SNSのパワーユーザーで1000人規模の友達がいる彼らは強力な助っ人なのです。

東京国立近代美術館など協力してくれる美術館が増え、市民教室を開催してほしいという依頼もくるようになりました。次の活動は、視覚だけでなく五感を活用する活動。さらに、広いジャンルでのデザインを目指しているようです。

ワンポイント

私はなにものか

やっと見つけた仕事は、それほどやりたいことではない場合もあります。たいていの人はそれでも仕事がないよりはましだと我慢して続け、そのうちあきらめてしまいます。しかし、林さんの強いところは、あなたは何者かと問われたときに「私はデザイナーだ」と言いたいと思っていたことです。だから、常に、視線はそちらを向いていています。そのぶれない視線で、やがて希望の活動にたどり着きました。年齢を重ねた時、「私はなにものだ」といえるかどうか。それを自分自身に問いかけてみてはどうでしょうか。

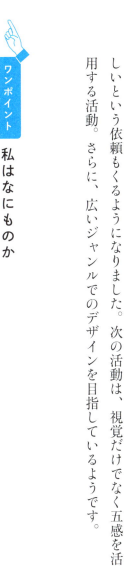

事例4

NPOから株式会社に

背中を押したのはふるさと再生への思い

「西の西陣、東の桐生」と並び称され、古くから絹織物の産地として知られた群馬県桐生市。繊維産業の衰退、和装離れなどから、往時の活気はなくなっていました。今から約10年前、そんな故郷に新しい産業を興したいと、清水宏康さん（72歳、当時62歳）は県立桐生高校の同窓生に声をかけ、NPO法人「桐生再生」を立ち上げました。

桐生には、日光の東照宮を思わせる権現造りの「桐生天満宮」、酒・味噌・醤油などを醸造していた土蔵などの建物群と、由緒ある建物がたくさんあります。天満宮まで一直線の参拝道路は16世紀末から17世紀初頭にかけての街並みを今に残しており、間口が狭い建物は京町屋と同じながら、奥行きは2倍の規模。そして、ギザギザのノコギリ屋根という独特の建築様式を持つ工場群が点在しています。また、ニューヨーク近代美術館の人気製品やハリウッド映画『SAYURI』の帯を製作するなど、現代に通用する技術を誇る工場も残っています。

最初に取り組んだのは、この産業遺産を生かした観光事業。工業と商業のまちだった桐生には、当時、観光課はありませんでした。そこで、観光ルートを作り、駅前に案内所を設置して、メンバーが観光客をガイドする活動を始めました。

同時に、ベーカリーカフェ「レンガ」の開店も後押ししました。1919年に建てられた旧「金谷レース工業」のノコギリ屋根やレンガ造りの壁をそのまま活用し、洋菓子やパン、軽食と飲み物が楽しめるおしゃれなカフェです。経営するのは、織物業三代目からパン屋に転身した団塊の世代。還暦を過ぎた後は悠々自適と決め込んでいたところ、清水さんから市内で唯一残るレンガ造りの文化財を再生活用したいという相談が持ちかけられたのです。それから10年、カフェは地元の人々の憩いの場として、観光バスの立寄り場所として、年間10万人が訪れる人気店となりました。

この10年で、清水さんの活動も大きく様変わりしました。2013年、NPO法人を株式会社に移行したのです。きっかけは、カフェの向かいにある100年の古民家と450坪の土地が売りに出されたこと。そこを整備して、NPOが市からの委託事業として運営している市内循環電動コミュニティバス「MAYU」の駐車場にしたい、古民家は休憩所や店舗に活用すれば、向かいのカフェと合わせた相乗効果が生まれるのではないかと考えたのです。

「MAYU」は毎日定期的に市内の主な観光地や施設を周っていて、市民も観光客も無料で利用できます。時速19㎞と低速なので、景色や街並みを楽しめ、環境にもやさしい乗り物です。

しかし、古民家と土地の価格は4500万円。とてもNPOが出せる金額ではありません。融資先を探してみたものの断られ、あきらめていたところ、群馬銀行が名乗りを上げてくれました。逆に驚いている清水さんに、融資担当者はこう言いました。「住宅地としての価値もあります。ダメなら別の方法も考えましょう」。

資金調達の目途は立ったものの、残念なことが起こりました。NPOの仲間たちは借金の額に驚き、全員が降りるというのです。定年後の緩やかな活動を考えていたメンバーには借金は無謀と映ったのでしょう。しかし、桐生をもっと賑やかにしたいと考えていた清水さんには、なんとしてもやってみたい事業でした。それならばと、これを機に一人で活動することを決意。NPOは「株式会社桐生再生」として生まれ代わりました。

再出発で四苦八苦していた時、桐生市から思いがけない提案がありました。「国が資金を出す地方経済循環型資金プログラムがある」。ついては電動自動車を開発した群馬大学も交えて申請したい」というものでした。応募すると、幸いにも支給が決定。その資金で購入した敷地にのこぎり屋根の車庫を新設、観光拠点としての活動が始まりました。

古民家は「旧齋嘉織物」の建物で、明治11年に建てられた蔵と大正12年に棟上げした母屋からなっています。母屋の1階を休憩所に、蔵を桐生の織物を紹介する小さな博物館に改装。冬は1階を食堂にして、「おっきりこみ」という群馬名物の太うどんを提供しています。担当は清水さんの奥さんです。地方創成に力を入れている国にとって、この事業は格好のモデルケースとなりました。

当初は人材の確保に苦労したものの、地元では有名な活動。おのずと人が集まり、今では30代の社員2名を雇用しています。面白いのは、定年後にやることがないからと、自主的に手伝いに来てくれる人たちがいること。「利益は微々たる会社ですが、社員にも自分にもちゃんと給与を払っています。桐生市と連携した事業を行っているのが強みです」と清水さん。2019年の秋から「はとバス」が駐車場を使うことになり、まちの賑わいに貢献したいという清水さんの夢は着々と進行しています。

ワンポイント

市民のアイデアが生きる〝まちづくり〟

このような例を紹介すると、恵まれた環境と特別な能力のある人物がやったことだと片づける人がいます。しかし、清水さんの活動の原点はわがまちへの愛着から生まれたボランティア活動。その基本姿勢は会社にした今も変わることなく、NPOの延長のようなゆるやかな活動です。ゆるやかとはいえ、行政や自治体には貴重な存在。地域社会には様々な問題が山積し、行政や自治体だけでは解決できないことがたくさんあります。市民グループやNPOと協力・連携すれば、物事は動きやすくなります。経験と知恵と意欲のある市民の力は大きいのです。

清水宏康さん

事例5

夫婦のいきがい起業

地域社会に憩いの場所を作りたい

ＪＲ外房線の千葉県茂原駅から車で10分ほど走ると、畑の中に北欧風の建物が見えてきます。酒井康雄《さかいやすお》さんと早苗《さなえ》さんが経営する「リッカフスＳＡ～ＮＡ（サーナ）」です。地域の人たちが気軽に集う場を作りたいという妻の夢に、定年後の人生を模索していた夫が賛同して実現しました。

康夫さん（66歳）は教員を勤めた後、千葉県の視聴覚教材センターや情報教育センターなどを経て、２０１３年に定年を迎えました。現役時代の定年後の計画は漠然としたもの。自分で作った野菜を車に積んで販売しながら、ひとり暮らしのお年寄りを慰問したり、買い物サポートをするのもいいかといったところでした。町と商工会が国の補助を受けて、軽トラックで商品を巡回販売するという計画を知った時は、参加したいと申し出ましたが、経験のない人は難しいと断られてしまいました。

当時、早苗さん（62歳）は現役の小学校教師。定年まではまだあるものの、自分の考えが反映されにくい組織への物足りなさや体調の不安などを感じていました。「夫の定年を機に早期退職して、夫婦で何かを始めるのもいいか。もう人に使われるのではなく、自分の考えでやりたい」。そんな早苗さんが企画したのは音楽を中心としたイベントホールの運営でした。教師の経験を活かして塾を開くこともできるし、地域に文化を広める役割も果たしたい。

康夫さんは早苗さんの思いにうすうす気づいていましたが、この計画を聞いた時は、さすがに驚きました。そんなことは可能なのか。半信半疑ながらも、妻がそういうのなら、やってみようかと計画に乗ることにしたのです。康雄さんは、「どちらかというと、石橋を叩くタイプながら、決まったら、どんどん突っ走るタイプ」でもあるのだそうです。

二人の計画実現への準備と試行錯誤が始まりました。康雄さんの父親が持っている農地の一角を借り、新たに建物を建てることにしたのですが、宅地に転用する手続きが必要でした。二人はそんなことも知らなかったのです。また、農地なので、水道もガスもきていません。水道を引く費用が思いのほか掛かると分かり、道路から離れたところに建てるしかありませんでした。ほかにも、電柱の移動、インターネット回線などの様々な準備があり、少しずつ解決していきました。

大事なのは建物のイメージです。夫の好みは純日本風、妻の希望は洋風。あちこち見学し、大工さんの意見を参考にした結果、北欧風に決定しました。音楽ホールに不可欠なドラム、グランドピアノ、反響板などの楽器類・設備類も備え、小さいながらも完璧な出来上がりとなりました。

「リッカフスSA～NA」の開店は2013年11月。駅から車で10分、周りには何もない畑の中。果たして、お客さんは来てくれるでしょうか。早苗さんは「やりたいという思いが先走りました。途中でそのギャップに気づいたけど、もはや前に進むしかないと覚悟しました」と振り返ります。

夫婦の夢を子供たちも応援してくれました。「リッカフスSA～NA」のサーナとは早苗のこと。その上につける枕詞がほしいと悩んでいた時、息子のお嫁さんがスウェーデン語のリッカフス（幸せの家）を提案してくれたのです。

営業日は木・金・土・日の週4日。カフェではコーヒー、紅茶、ケーキに加え、カレーやパスタ、サンドイッチなどの軽食も提供しています。材料の野菜類や米は康雄さんが手がける自家栽培なので、仕入れ代はほとんどかかりません。

早苗さんの教え子や康雄さんの昔の同僚などがふらっと寄ってくれます。カフェだから、訪問しやすいのでしょう。最近は、勝浦市、鴨川市などの観光の途中に立寄ってくれるお客さんが増えてきたそうです。

もちろん、音楽イベントは欠かせません。地元の音楽サークルの定期ジャズライブ、民謡ライブなど、クチコミで実現するものが多く、時には、早苗さんのピ

酒井さん夫婦

アノに仲間のボーカルとパーカッションを加えたバンドの演奏会も開催します。
康雄さんも仲間に加わりたいと、定年後にドラムを習い始めました。ゴルフ好きな康雄さんは仲間を募って、お店主催のゴルフコンペも開催。コンペの後は「自分たちの演奏を無理やり聞かせます（笑）」。さらに、店が休みの日は老人福祉センターなどの慰問ボランティアにも出かけるなど、結構、忙しい日々です。
2人とも「お客さんはたくさん来なくていいんです」と、声を揃えて言います。ゆっくり話ができて、ゆるやかな時が流れる場所、地域の人たちに気兼ねなく使ってもらえるホール。それでいいと考えているのです。

ワンポイント

草の根起業は〝婦唱夫随〟

酒井さん夫婦の場合は典型的な地域の「草の根起業」です。生きがい重視なので、売上にはこだわらず、収入は多くありません。しかし、地域社会に与える影響は大きいものがあります。地元の人が、あそこにあんな店ができた、定年後の夫婦がやっているらしいと話題にして、実は、静かに注目する有名店です。

もう一つ特徴的なのは〝夫唱婦随〟ならぬ〝婦唱夫随〟だということ。妻の発想を夫が理解し、サポートして実現するという構図です。女性はあまり後先を考えずに始めてしまう傾向がありますが、その危うい部分を石橋を叩いて渡る夫が支える役目を担います。だから、夫は影のサポーターではなく、立派なパートナーなのです。起業には夢がなければなりませんが、夢だけでは成り立ちません。夫婦起業の成功の秘訣はこの辺りにあるのではないでしょうか。

事例6

定年女子の再就職

仕事を通じた交流関係が後押ししてくれた

安達敏子《あだちとしこ》さん（63歳）は現役時代、コンピュータ販売会社で広報関連の仕事に就いていました。独身で子供もいない、親もいずれいなくなってしまう。定年後はどうしようと考え出したのは50歳の頃。定年は60歳ですが、65歳までは再雇用制度で働けます。給与は下がるけれど、65歳まではなんとかいける。でも、今と同じ仕事というわけにはいかないし、昔の60代と違って若いとはいっても、それ相応に体力も落ちていくはず。そんなことを漠然と考えながら働いていました。

お金のことも心配でした。年金の満額受給は65歳から。しかも「確定拠出年金制度」で、額も運用次第。だからといって、特に何か積極的に動くわけではありませんでした。

ある時、転職斡旋会社から誘いがあって、面接に行ったことがあります。あなたができることは何ですかと聞かれたとき、資格を持っているわけでなく、これぞというアピールもできず、新しい会社で一から始めるのは厳しいと思い知らされました。

いよいよ定年が近づいてきた頃、周りの人から「これからどうするの？」と聞かれることが多くなりました。社外の人と接する機会が多い仕事だったので、交流してきた人たちが心配して、叱咤激励してくれるような感じでした。中には、再就職先の情報を持ってきてくれる人もいました。

その中に心の動いた仕事がありました。それは地方創生に関する仕事で、当然ながら、住民票を移し、地元に溶け込んだ活動をしなければなりません。しかし、安達さんには老人施設に入居しているお母さんがいるので、東京を離れるわけにはいきません。断わるしかありませんでした。

定年後も自分が今までやってきたことを活かす仕事に就きたい。社会貢献につながるような仕事であればなおいい。そう考えていた時に紹介されたのが「日本野鳥の会」でした。野鳥のことは何も知りませんが、仕事は会員を勧誘し、会を広げていくこと。それなら、今までの経験が生かせるし、勤務地も問題ありません。再雇用は選ばず、新しい職場で働くことに決めました。

しかし、思いがけないことが起こります。60歳の誕生日で定年退職という時に、会社が上場を廃止して別会社の傘下に入ることになり、トップが交代するなど状況が大きく動いたのです。今まで担当していた仕事もすべてなくなりました。ただし、安達さんが担当していたユーザー会は年間企画がすでに決まっていて、お客さんへの説明や残りの行事などを放り出すわけにはいきません。会社からは、その残務処理を要請されました。安達さん自身も今までかかわってきた責任上、ここで辞められないと4か月だけの再雇用を選択することにしたのです。

では、「野鳥の会」はどうしたらいいのか。事情を話すと、その間、態勢を整えるとのことで、9月からの勤務を了承してくれました。これは本当に有難いことでした。

「野鳥の会」での立場は業務受託の個人事業主。収入は減りましたが、時間の制約や拘束はまったくなく、出勤日も勤務時間も自由。現役時代とは違って楽です。ただし、何かと忙しく、今はほとんど週5日勤務になっています。

野鳥の会の会員には個人と法人があります。安達さんの役目は法人のCSRや総務部門などを訪ねて入会の勧誘をすること。いわば営業職です。簡単に入会する会社はなく、結果が出るまでには時間がかかります。大手企業などはすでにどこかの環境団体に入会していることが多いので、説得が難しいこともあります。また、担当者が賛同してくれても、結局、会社の稟議が下りないことも。

しかし、有難いことには野鳥の会を知らない人はいません。何にも知らない相手に一から説明するのは大変ですが、会の名前を出せば一応会ってはくれます。それもこの仕事に決めた理由でした。

自分らしさを出した仕事をしたいと、今までお付き合いをしてきた人たちとの人脈を生かして、新しい分野の開拓にも力を注いでいます。

そして、野鳥の会の仕事とは別に、ある地方創生グループにも関わっています。観光客は多いのにお金が落ちないとか、地図やパンフレットを作っても、観光案内所や駅に置くだけで終わっている地域があります。そこにメンバーで視察に行って、自治体と協力して、宿泊施設を作ったり、動線を考えるといったアイデアを提供する活動です。地域に工場を持つ大手企業などとの橋渡しもしています。今のところ、安達さん自身の収入には結びつきませんが、様々な業種の人たちとの交流が面白く、これからも続けていくつもりです。

安達敏子さん

自分が社会で果たせる役割は何だろうと考え、自分で自分の肩書を考えてみました。それは「ハッピーコーディネーター」。人と人をつなぐ役目を果たしたいという気持ちを込めた名称なのです。

ワンポイント

個人事業主の仕事は自由

個人事業主は起業家であり、自営業者です。特定の仕事を委託されて働くスタイルなので、いくつでもどんな仕事でも兼ねることができます。「公務員から個人事業主に」の永井さんも、「仕事も社会貢献も」の林さんも個人事業主を選んで、複数の仕事や活動をしています。誰にでも、現役時代にはやりたくてもできなかったことがあるのではないでしょうか。今こそ、やってみればいいのです。自分のできること、やりたいことを明確にして動き出せば、マルチタスク時代に生きるシニアの本領発揮です。

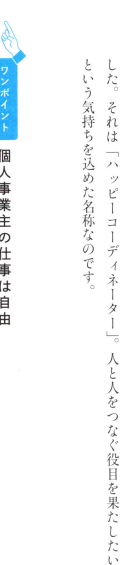

おわりに

私は48歳まで会社員として働き、50歳を目前に起業しました。いきなり起業したわけではなく、やはり将来不安があり、また失業保険を受ける必要もあったので、再就職活動を経験しました。しかし、50歳にもなる女性をまともな仕事を任せる社員として雇う会社はないと、すぐに理解するに至りました。

これは定年後に再就職先を求める人たちと似たような境遇ではなかったかと思います。その結果、独立を選びました。今では、この道も悪いことではなかったと感じています。そんな経験から、同じように悩めるシニア世代に自分の生き方を見つけ、最終ステージをこころおきなく終えるための力になりたいと、本書を書くことにしました。

定年はサラリーマンにはかなりのプレッシャーです。人生で最も大きなストレスは「配偶者や家族を失うこと」、その次が「仕事を失うこと」だと聞いたことがあります。定年でうつ病状態になる人は少なくありません。しかし、多くの人は戸惑いながらも気丈に乗り越えていきます。

私は定年をいったん区切りとし、第二・第三の活躍できる場を作ることが必要だと考えています。現役時代は日本を支える人材としてフルに活躍する。定年を迎えたら、今までの経験と能力を生かして、現役世代ができないことや新しい分野の仕事を手掛ける。その活躍の場が新たな産業として確立されていて、誰もが安心して定年を迎えられる。そうした役割分担の可能な社会が実現すればいいのにと思います。

先ごろ亡くなった堺屋太一さんは「3番目の日本」を作ろうと考えていたそうです。1番目は明治の「強い日本」、2番目は戦後の「豊かな日本」、そして3番目が「楽しい日本」。その実現のために、リタイアしたシニア世代ができることは多いはずです。

シニア世代の力を活用できれば、それこそが「一億総活躍社会」となります。そして、経済だけでない真の「豊かで楽しい国」として、世界中がモデルケースとして尊敬する国になれるはずです。それは夢物語でしょうか。


本書を書くことをすすめてくれたのは、出版社ディスカヴァー・トゥエンティワンの若き編集者・松石悠さんです。当初は定年後の再就職のためのノウハウを書いてもらいたいと思っていたようですが、話し合ううちに、セカンドライフの仕事には様々な問題・課題があることを理解してくれました。

そして、こんな提案を持ってきました。「本当にシニア世代に役立つ本を作りたい。ついては読者と同じ年代のモニターを設けて、その方々にまず読んでもらい、感想やアドバイスをもらうのはどうか」。

私にも長年シニア世代の問題を扱ってきたというプライドがあります。正直、なぜ、ほかの人の意見を聞かなければならないのかという反発がありました。いっぽうで、それも面白いなという気持ちがあったのも事実です。こんな試みをする出版社はあまりないはず。であれば、試してみてもいいのではないか。なにより、当事者からの適切な意見やアドバイスがあれば、内容をさらに充実したものにできます。

その結果、友人・知人の40代、50代、60代の合計10人（男性7人、女性3人）にモニターをお願いすることにしました。ここにお名前を記載して、お礼を申し上げます。

池田雅光さん、落合恵子さん、久保律子さん、栗原正朋さん、高倉成行さん、谷口史記さん、長本光さん、難波規子さん、若井憲さん、渡辺幸久さん。

モニターの皆さんは仕事や活動で忙しいにもかかわらず、感想と、適切な指摘を寄せてくださいました。丁寧に読んでくださったことは、返ってきたメモでわかります。快く引き受けてくださったものの、大変な労力をお掛けしたのではないかと、今では心苦しく思っています。おかげさまで、無事に仕上げることができました。本当にありがとうございました。

原稿を書いている間にも、シニア世代の就労対策、働き方改革、年金問題などには新たな施策や対策が発表されています。正直、追いきれていない部分もあり、それだけシニア世代への期待は大きいということでしょう。社会は大きく動いていますが、大事なのはどこに機軸を置くかです。本書が、定年後に働くことの意味や考え方を理解するための助けとなり、悩んだ時に立ち返る原点、まさに『バイブル』となることを願っています。

２０１９年10月　松本すみ子

定年後も働きたい。

人生100年時代の仕事の考え方と見つけ方

発行日 2019年11月30日 第1刷

Author————松本すみ子
Illustrator————村上テツヤ
Book Designer————有山達也＋山本祐衣（アリヤマデザインストア）

Publication————株式会社ディスカヴァー・トゥエンティワン
〒102-0093
東京都千代田区平河町2-16-1平河町森タワー11F
TEL03-3237-8321（代表）03-3237-8345
（営業）FAX03-3237-8323
http://www.d21.co.jp

Publisher————干場弓子
Editor————松石悠
Editorial Group————藤田浩芳 千葉正幸 岩﨑麻衣
大竹朝子、大山聡子、木下智尋 谷中卓 林拓馬 三谷祐一
安永姫菜、渡辺基志
Marketing Group————清水達也 佐藤昌幸 谷口奈緒美 蛯原昇
青木翔平 伊東佑真 井上竜之介 梅本翔太 小木曽礼丈 小田孝文
小山怜那 川島理 倉田華 越野志絵良 斎藤悠人 榊原僚
佐々木玲奈 佐竹祐哉 佐藤淳基 庄司知世 高橋雛乃 直林実咲
鍋田匠伴 西川なつか 橋本莉奈 廣内悠理 古矢薫 堀部直人
三角真穂 宮田有利子 三輪真也 安永智洋 中澤泰宏

Business Development Group————
飯田智樹 伊藤光太郎 志摩晃司 瀧俊樹
野﨑竜海 野中保奈美 林秀樹 早水真吾 原典宏 牧野類
IT & Logistic Group————小関勝則 大星多聞 岡本典子
小田木もも 中島俊平 山中麻吏 福田章平
Management Group————田中亜紀 松原史与志 岡村浩明
井筒浩 奥田千晶 杉田彰子 福永友紀 池田望 石光まゆ子 佐藤サラ圭
Assistant Staff————俵敬子 町田加奈子 丸山香織
井澤徳子 藤井多穂子 藤井かおり 葛目美枝子 伊藤香 鈴木洋子
石橋佐知子 伊藤由美 畑野衣見 宮﨑陽子 倉次みのり 川本寛子
王廳 高橋歩美

Proofreader————株式会社鷗来堂
DTP————株式会社RUHIA
Printing————大日本印刷株式会社

ISBN978-4-7993-2567-4